I0796157

Cuaderno de espiritualidad pop

Cuaderno de espiritualidad pop

Reinterpreta la peli de tu vida

Joan Miquel

VERGARA

Papel certificado por el Forest Stewardship Council®

Primera edición: septiembre de 2024

Travessera de Gràcia, 47-49. 08021 Barcelona

Printed in Spain – Impreso en España

ISBN: 978-84-19820-62-4
Depósito legal: B-11.368-2024

Compuesto en Llibresimes, S. L.

Impreso en Romanyà Valls, S. A.
Capellades (Barcelona)

VE 2 0 6 2 4

AGRADECIDO Y EMOCIONADO, SOLAMENTE PUEDO DECIR...

A mi madre Luisa (DEP) y a mi padre Jeroni, que han sido fuente de inspiración y que, además, me dieron la vida y también, sin darse cuenta, me la jodieron. Sin vuestra aportación, estoy seguro de que mi experiencia vital hubiera sido muy aburrida. ¡Gracias por tanta diversión! Os amo fuerte.

A mis hermanos Sergi y Guillem, a mi segundo padre José Luis, a mi familia en general y a todos mis amigos y amigas (no puedo nombraros a todos y a todas porque necesitaría un libro entero solo para eso). ¡Sois lo más! Mi vida también sería mucho menos divertida si no estuvierais en ella. Gracias por existir.

A todos mis exes (incluidos los putos narcisistas), por haberme permitido ver partes de mí que sin vosotros no hubiera podido ver. *Thank you... Next!*

A todo el equipo de Penguin Random House y, en especial, a mi editor Oriol, por confiar en mí y en este libro cuando ni yo mismo lo hacía. Estoy *livin'* con esta movida.

Y desde luego, a ti que has pagado un dinerito para hacerte con este libro que es, en verdad, un libro de mierder. Mil gracias y espero que lo disfrutes. Eres un valiente.

... GRACIAS POR VENIR

ÍNDICE

Parte II
Desactivando el piloto automático

ALGO ASÍ COMO UNA INTRO

Recuerdo que, cuando era peque, me hacía un montón de preguntas. Supongo que, en cierta medida, a ti también te pasaba, no sé. Creo que siempre fui un niño bastante curioso, por decirlo de alguna manera. Las respuestas a algunas de esas preguntas fueron llegando conforme iba creciendo. Entendí, por ejemplo, que el agua siempre gira en la misma dirección cuando se va por el desagüe de la ducha debido al efecto Coriolis y que los peces sí duermen.

Aun así, seguía habiendo algunas preguntas para las que no había manera de que aparecieran respuestas suficientemente convincentes para mí. ¿Quién enseña a las abejas a polinizar? ¿Qué pasa después de la muerte? ¿Dios existe? Y había una, especialmente, que me tenía *full* intrigado: ¿y si los seres humanos somos parte de un Ser más grande que nosotros y estamos dentro de él, como sucede con las células de nuestro cuerpo, que son nosotros pero que, seguramente, no son conscientes de ello y viven cumpliendo su función para que nosotros podamos existir?

Hace unos años me di cuenta de que algo parecido a eso es lo que sucede en realidad. Que somos un mismo Ser que se expresa a sí mismo en formas físicas aparentemente diferentes, pero un mismo Ser, al fin y al cabo. No somos nada distintos los unos de los otros, aunque a nosotros nos parezca que sí.

Cuando llegué a la adolescencia, la disminución de la importancia de encontrar respuesta a esas preguntas fue directamente proporcional al aumento de mis ganas de experimentar. Empecé a reconocerme como un ser humano autónomo. Descubrí las drogas. El tecno. El sexo. Y me hinché de todo eso. Quería descubrir tantas cosas que mi atención estaba por completo enfocada en ponerme a prueba en esto que entendemos como nuestro mundo.

Tocar fondo parece haber sido siempre uno de mis hobbies favoritos. La primera vez que experimenté esa sensación fue cuando mis padres se divorciaron. Apenas tengo recuerdos porque tenía seis años, pero sí tengo grabada la sensación de sentir que la estructura más importante para mí en aquel momento se desmoronaba, de frente y de repente, en un plis. ¡Bienvenidos a mi vida, queridos traumitas! En lo sucesivo, esa sensación estuvo presente en mi experiencia con relativa frecuencia. A los doce años, mi abuelo paterno recibió una llamada amenazándole con que me iban a secuestrar si no entregaba cierta cantidad de dinero. Eso me hizo quedarme muy loco y me mantuvo aterrorizado durante casi un año, en que no me atrevía a hacer nada en absoluto sin la compañía de un adulto. A los catorce me escapé de casa. Sí, suena bastante contradictorio, lo sé. Pero me sentía totalmente incomprendido, tan incomprendido que no me entendía ni yo. A los diecinueve mis padres tuvieron que llevarme a un centro de desintoxicación de la cantidad de drogas sintéticas que tomaba cada fin de semana. A los veintitrés, mi familia decidió mudarse de Barcelona a Granada, y yo decidí quedarme en Barcelona e independizarme, porque ya había empezado a currar como DJ pinchando en el MondClub[1] (¡qué nostalgia!) y luego en la sala Razzmatazz,[2] y eso es lo que me apetecía hacer. Aun así, la primera noche que pasé en mi nuevo apartamento no pude dormir. Me sentía abandonado. A los veintisiete, tras pinchar para miles de personas en el FIB[3] y estando en mi momento de mayor crecimiento como DJ, un diagnóstico médico sacudió todos mis esquemas y, a los treinta y dos, mi madre falleció tras un desgarrador proceso de enfermedad. Y creo que tuve algo cercano a una depresión. El fondo de todos los fondos.

Hoy en día, puedo ver con cierta claridad el común denominador de todas esas veces en que sentí tocar fondo: el miedo.

Tras el shock causado por la muerte de mi madre (que, por lo visto, a mi Edipo[4] no le hizo ninguna gracia), una sensación de vacío existencial empezó a hacerse muy presente en mí. Nada tenía sentido, aunque mi vida, aparentemente, había re-

1. Club nocturno de los viernes que estaba en la Sala Cibeles de Barcelona y donde se juntaba *la crème de la crème* del moderneo barcelonés de principios de la década de los 2000.

2. Sala de conciertos y club nocturno de Barcelona. Por aquellas fechas era de los más *cool*.

3. Festival Internacional de Benicàssim, uno de los festivales de música más grandes de Europa. Pinché el mismo año que actuaba Amy Winehouse. Verla en el *backstage* fue muy muy loco.

4. Rey de la mitología griega que, resumiéndolo mucho, se cargó a su padre (Layo) para casarse con su madre (Yocasta). En psicoanálisis, Freud lo definió como la representación inconsciente mediante la cual se expresa el deseo amoroso de un hijo respecto a su madre y la necesidad de este de hacer desaparecer al padre. Nunca intenté asesinar con un cuchillo a mi padre, que conste. Es metafórico.

cuperado su funcionalidad. Era socio de una agencia de publicidad, tenía pareja y cierta comodidad económica, y parecía que había superado aquella especie de depresión, pero aun así...

Seguía sintiéndome vacío.

Había conseguido todo lo que, mentalmente, me había propuesto. Y a pesar de ello, me invadía una enorme sensación de vacuidad e incomprensión hacia lo que entendemos como la realidad. Y, sobre todo, hacia el sentido de esta. No comprendía el mundo, como resultado de no comprenderme a mí mismo. Y eso aún me pasa a veces.

Durante un tiempo intenté, sin mucho éxito, pasar completamente de ese vacío, tratando de seguir mi vida como si nada, intentando convencerme de que se me pasaría. Y una noche, allá por 2017, mientras leía sentado en el sofá de mi casa, sintiéndome una mierda, un huracán de preguntas empezó a martillearme los sesos. Retumbaban dentro de mí como si me las estuviera recitando a través de un megáfono.

¿Quién soy?, ¿qué coño hago aquí?, ¿cuál es el sentido de mi vida?, ¿para qué estoy teniendo esta experiencia?, ¿esta es la única manera de vivir la vida?, ¿le pasará a todo el mundo lo mismo?

Me pasé la noche sin dormir, tratando de encontrar respuesta a todas esas preguntas que, tras fumarme no sé cuántos porros en un intento de que se largaran de mi cabeza, seguían ahí. Y en un punto, agotado de resistirme a lo que era obvio, tuve el valor de rendirme y aceptar que no tenía respuestas.

Lo más flipante es que ese momento significó un antes y un después para mí, porque pude darme cuenta de algo que me hacía explotar la cabeza. Me di cuenta de que no sabía nada de nada. *Blackout*[5] mental absoluto. Y en ese momento, de repente, tuve un instante de mucha claridad y me dije a mí mismo: «Tiene que haber otra manera de tener esta experiencia a la que llamo vida».

A las pocas semanas, el día de mi 37.º cumpleaños, apareció en mi vida *Un Curso de Milagros*. La primera vez que cayó *random* en mis manos, sentí cómo se erizaba la piel de todo mi cuerpecito. Y eso me generó bastante confusión, rollo «se me ha ido la Wendy».[6] Había pasado ocho años de mi vida en un colegio religioso y aún arrastraba un montón de dudas acerca de Dios, tras largos periodos de negarme su existencia. Y, de pronto, aquel libro tan tocho que parecía la Biblia me estaba llamando la atención como pocas cosas antes en la vida. ¡Hasta casi más que una buena fiesta! Bueno no, tanto no. Pero casi.

Corrí a una librería a hacerme con un ejemplar, y cuando lo abrí allí mismo y leí la introducción... Esas palabras resonaron de forma muy heavy en mí.

Empecé a estudiarlo como si no hubiera un mañana. A veces hasta de forma obsesiva. Me pasaba las tardes nadando entre el mar de sus palabras, que algunas veces me parecía más bien un tsunami, ya que no entendía una mierda de primeras y tenía que leer algunos párrafos dos o tres veces para comprender algo. Pero esas palabras resonaban en mí tan fuerte que ni siquiera me planteé parar de leer.

Desde entonces, no hay día en que las enseñanzas del *Curso* no estén presentes en mi vida, expresándose a través de lo cotidiano (bueno, si estoy de resacón, menos, obviamente).

5. «Blancazo» en inglés.
6. Que es lo mismo que decir «se me ha ido la cabeza».

Y de la expresión de esas enseñanzas en mi experiencia nacen las palabras que dan forma a gran parte del contenido de este librito que tienes entre las manos.

Y sí, ya sé que te acabo de pegar una chapa considerable y que seguramente mi experiencia no sea muy relevante, que no soy una *celebrity*, pero he sentido la necesidad de ponerte en contexto para que, quizá, puedas entender algo más de lo que vas a encontrarte en las siguientes páginas.

Lo que vas a leer lo escribí a caballo entre Lacanau (un pueblito a unos cuarenta kilómetros de Burdeos), Atarfe (donde está la casa familiar, en el área metropolitana de Granada) y Barcelona durante la primera mitad de 2022. Y reconozco que la escritura fue un viaje personal de la hostia. Ese viaje, tal vez, vas a verlo reflejado en el tuyo propio conforme vayas avanzando en la lectura. Si puedes permitírtelo, no te resistas a él.

Te cuento. El recorrido que te propongo consta de dos partes.

La primera es una invitación a la observación sincera. A tratar de ver algunos mecanismos que parecen sucederte mientras andas teniendo esta experiencia de vida en modo piloto automático. Al principio, me costó un poco-bastante encontrar mi propia fórmula para plasmar determinados conceptos y puntos de vista, por lo que, posiblemente, percibas que la lectura resulta un poco más comprimida en esta primera parte. Como si tuviera un corsé puesto. Al revisarla, una vez finalizada la escritura de todos los capítulos, tuve la tentación de «cocinarla», de cambiar prácticamente toda la primera parte. Pero me di cuenta de que, si la «cocinaba», perdía honestidad y autenticidad. Así que decidí dejarla tal como salió. Creo que es interesante que puedas percibir, también, mi propio viaje personal a través de la escritura que, como muchos procesos vitales, fue complejo al inicio hasta que se produjo, de forma natural, una integración y una comprensión más profundas que me permitieron transitarme en el camino de escritura. Y hasta fundirme en él. Es posible que, mientras leas esta primera parte, te parezca como que te explota un poco la cabeza y hasta puede que te incomodes y te entren ganas de abandonar la lectura. Te entiendo, y está genial. Pero te invito a que, si puedes permitírtelo, sigas leyendo. Porque lo que te espera más adelante, creo que mola.

En la segunda parte te invito a ver algunos aspectos, por medio de cuya experiencia se va desactivando ese piloto automático que solemos llevar, en modo *on,* en nuestro día a día. Verás cómo la lectura, quizá, te resulta algo menos comprimida. Más ligera. Con más *flow*. De cualquier forma, sea como sea tu percepción, estoy convencido de que será todo perfecto, pues así estará siendo.

Puede que te parezca que algunos conceptos se repiten en ocasiones, y eso tiene una explicación. Le voy a estar hablando a una parte de ti con la que, posiblemente, no estés muy acostumbrado a conectar. Y creo que la repetición ayuda a la interiorización. No me maldigas por ello.

Antes de que arranques, quiero decirte que no tienes por qué creerte nada de lo que vas a leer, porque tan solo son hipótesis, perspectivas o mis idas de olla, como prefieras verlo. Si te apetece, ábrete a experimentar por ti mismo aquellos aspectos que sientas que te están resonando. Y a ver qué pasa. Porque no, siento decirte que este libro no va a cambiarte la vida, pero con que te explote la cabeza un par de veces o te eches unas risas, ya habrá valido la pena haberlo leído.

Y una última cosita (sí, ya sé que soy muy pesado). Permíteme confesarte que soy consciente de que todo lo que digo en las siguientes páginas es a mí a quien se lo digo. Plis, no pierdas esto de vista.

Así que nos doy la bienvenida a bordo de este trayecto que ahora emprendemos. Un viaje a través de nosotros mismos y que he escrito con la certeza de unirme, mediante estos símbolos que son las palabras, a quien tengo la seguridad de que es lo mismo que yo: tú.

P. S. Este libro no es (ni pretende ser) ningún tipo de terapia ni nada por el estilo. ¡Dios me libre! Tan solo ofrece perspectivas, puntos de vista, posibilidades o simples gilipolleces, que se refieren a movidas de la vida cotidiana, que podrían pertenecer a una obra de ficción y que tienen como finalidad principal que eches un rato entretenido y veas, de paso, si te dicen algo. Pero, por favor, si estás realmente jodido y te follan[7] las fuerzas, hazte el favor de ir a terapia. Hacerlo siempre es un enorme acto de amor hacia uno mismo.

7. No, no es una errata.

LA VIDA ES SUEÑO

La vida, o lo que habitualmente entendemos como la vida, es algo así como un sueño. Un sueño profundo. Vale. En HD y con sonido *dolby surround* ultraenvolvente. Pero un sueño, al fin y al cabo.

Soy consciente de que puede resultar un punto de vista un pelín radical, pero siempre he tenido especial predilección por todo lo radical. Y por «radical» no me refiero a extremo, que también. Me refiero a «radical» atendiendo al origen etimológico de la palabra. «Radical» proviene del latín *radicalis.* Sus componentes léxicos son *radix, radicis* («raíz») y el sufijo *-al* («relativo a»). No te creas que soy una enciclopedia andante, acabo de googlearlo. Por tanto, el radical al que me refiero vendría a ser algo así como «relativo a la raíz».

El punto de vista que te propongo (y que tan solo es un punto de vista) es una invitación a que vayamos a la raíz del asunto. A su origen. Y su origen no es otro que la mente, pues la mente es la única causa de esta experiencia que crees estar teniendo y a la que llamas vida. Por consiguiente, si la mente es la causa de lo que entiendes como tu vida, podríamos decir que todo está en la mente. Todo es mente y todo es uno en la mente, pues un pensamiento en la mente no deja de ser mente por mucho que tenga conciencia de su condición de pensamiento. ¡Qué lío!

Eso es, precisamente, algo parecido a lo que te sucede como ser humano. Tranquilo, no solo a ti. También a mí, a la vecina del tercero y a Britney Spears.[8] Como eres consciente de ti mismo (le llaman *Homo sapiens sapiens*, o lo que es lo mismo, el «hombre que sabe que sabe»), te crees que eres un cuerpo, separado de los otros cuerpos y separado, también, de la mente con la que te estás pensando.

Venga, no te quejes. Ya te he avisado de que iba a empezar fuertecito. Además, no hace falta que te lo creas, así de sopetón. Con que te abras a la posibilidad de que pudiera ser, es suficiente por el momento. Este punto de vista, más que una conceptualización, es resultado de una experiencia. Pero para experimentarla, has de estar abierto a la posibilidad. Y eso es lo único que necesitas en este momento. Tómatelo como un juego, si quieres, pues como un juego es como deberías tomártelo.

Hasta luego, Maricarmen

Quiero invitarte a imaginar algo. Supón que estás en el sofá de tu casa, de *chill*,[9] un domingo cualquiera por la noche. Acabas de meterte una pizza barbacoa entre pecho y espalda mientras

8. Su álbum *Blackout*, publicado en octubre de 2007, que coincidió con un momento de blancazo también en mi vida, es una *fuckin'* obra de arte. *God save Mrs. Spears!*

9. De relax, no pienses mal.

estás viendo tu serie favorita. Te recuestas para estar más cómodo y, en una de estas, te quedas frito del todo. Estás sobando tan profundamente que hasta se te cae la baba de la gustera. ¿Lo tienes?

Venga, pues ahora imagínate que, mientras sobas, te pones a soñar. Un sueño de esos muy profundos. El protagonista de tu sueño eres tú, claro, pero en él también aparezco yo, la vecina del tercero y hasta Britney Spears. Y te pasan un montón de cosas. Mientras estás experimentándote en tu sueño, no eres consciente de que estás dentro de un sueño, porque las cosas que te pasan te parecen muy reales y las vives muy intensamente. En ese momento, podríamos decir que el sueño es tu única realidad. Y no solo no eres consciente de que estás dentro de un sueño, sino que tampoco eres consciente de que yo, la vecina del tercero y hasta la mismísima Britney somos pensamientos en tu mente, la mente del que se ha quedado frito y de donde emerge, como espontáneamente, el sueño. Por tanto, somos una misma cosa: tu mente, que en el sueño (que también es tu mente) se expresa a través de distintas formas físicas, no por ello deja de ser tu mente.

Nada de lo que parece suceder en el sueño está pasando más allá del sueño. Pero estás tan enganchado al sueño y a todo lo que parece sucederte en él, que no eres capaz de recordar que estás dentro de un sueño y que, en consecuencia, estás siendo soñado. En el fondo (muy en el fondo, vale), lo sabes, pero parece ser que se te ha olvidado. Y mientras tanto tú, que estás tan ricamente en tu sofá, sobando y llenando el cojín de babas, ni te estás inmutando.

¿Ves un poco por dónde voy?

Pues como te comentaba, eso podría aproximarse bastante a lo que te pasa a ti en tu experiencia como ser humano. Estás tan enganchado a este sueño, en alta definición y sonido *dolby surround* envolvente de ultimísima generación (al que llamas tu vida), tan identificado con tu personaje en el sueño y tan atareado con todo lo que te sucede mientras estás en él, que se te olvida que, en realidad, no eres más que un pensamiento en la mente, que se ha quedado dormida.

Soy consciente de que este punto de vista puede estar provocando que te explote la cabeza. O que puede estar generando ciertas resistencias. Quizá ya habías escuchado algo parecido antes, te parezca hasta divertido o, a lo mejor, tengas clarísimo que esto es así. Sea como sea, y como te comentaba antes, haz lo que quieras con esta idea loca que te estoy planteando.

Aunque pueda darte la impresión de que estoy bajo los efectos de alguna sustancia psicoactiva, te aseguro que en este preciso instante no es así. Además, tampoco estoy diciendo nada nuevo. Shakespeare[10] ya sugería algo parecido en un monólogo de su obra *As You Like It*. Ese monólogo empieza diciendo algo como: «Todo el mundo es un escenario, y los hombres y mujeres meros actores».[11] Platón[12] también lo planteaba en su obra *La República*, con el megaconocido mito de la caverna. Alguna filosofía hindú considera la realidad exterior como *maya*, «ilusión». Y si has visto la película

10. Al parecer tuvo una vida muy interesante entre hurtos, deudas, plagios y *affaires* sexuales varios. Muy *boss*, el tío.

11. La traducción es mía.

12. Filósofo griego que nació en 427 a. C., entre Sócrates y Aristóteles. Un moderno para su época, pues sus historietas podrían, perfectamente, ser del siglo XXI.

Matrix,[13] especialmente la primera de todas, podrás ver que representa, de forma muy clara, este mismo concepto, más allá de los combates en *slow motion* y demás parafernalia hollywoodiense. Hasta he visto por ahí que se le atribuye a Einstein[14] una frase que dice: «La realidad es una mera ilusión, aunque una muy persistente». Y tan persistente...

De hecho, no sé si alguna vez has utilizado tus sueños de modo terapéutico, pero cuando vas a terapia de sueños, la aproximación que se hace va muy en esa línea. O por lo menos la gestáltica.[15] Tú explicas tu sueño, describes qué sucede y quién aparece en él, y el terapeuta te invita a observar los distintos personajes y situaciones en él diciéndote que todo eso eres tú. Es tu mente la que fabrica el sueño, por eso todo lo que está contenido en ese sueño eres tú y tiene un mismo origen, por tanto, una misma causa, que no es otra que tu mente.

Una flipada, vamos.

El mundo que percibes, en realidad, no es nada ni hace nada por sí mismo.

A través de esta metáfora del sueño, si estás abierto a considerarla como posible por un momento, puedes ver que el mundo que percibes, en realidad, no es nada ni hace nada por

13. Muchos autores de referencia para mí, como Sergi Torres, han utilizado esta peli de 1999, protagonizada por Keanu Reeves, como metáfora de nuestra experiencia vital.

14. ¿Necesitas esta referencia? *Really?*

15. En referencia a la terapia Gestalt. Su creador, Fritz Perls, tiene unos versos muy guais que, además, llevo tatuados en mi lomo derecho. Si te apetece, búscalo por internet. Es una bonita forma de mirar las relaciones mientras estamos en nuestra propia peli.

sí mismo. Necesita que tu mente lo proyecte fuera de sí para que tú lo percibas, a continuación, a través de los sentidos y le otorgues un significado en tu mente humana para, así, parecer ser algo. Por ello, sin la mente que proyecta, sin tu capacidad de percepción y sin tu mente humana que interprete dicha percepción, el mundo carece completamente de significado. De hecho, ni siquiera existe tal como tú lo percibes. No es nada. Venga, hasta luego Maricarmen.

A Night at the Movies[16]

Otra metáfora que, en su día, le ayudó mucho a mi mente humana a entender esta movida que estoy intentando explicarte, y que además es la que voy a utilizar como hilo conductor durante el resto de los capítulos, es una que Ken Wapnick[17] utiliza en varios de sus libros. Voy a tratar de explicártela a mi manera. La metáfora viene a decir algo así:

Ponte que un día cualquiera, una tarde cualquiera, vas al cine a ver una peli. Una peli cualquiera. No importa si es la nueva de Spiderman, si sale Renée Zellweger[18] o si es la nueva de Spiderman en donde sale Renée Zellweger. Lo que prefieras, que para el caso es lo mismo. Entras en la sala, te sientas

16. Guiño al cortometraje de Roy Rowland que estuvo nominado al Oscar en el año 1937.

17. Psicólogo clínico norteamericano, maestro de *Un Curso de Milagros* y autor de varios libros relacionados con el *Curso*, del que fue uno de los editores. Fue presidente y fundador, junto a su esposa Gloria, de la Foundation for a Course in Miracles, cuya finalidad es divulgar el mensaje del *Curso* mediante talleres, libros, charlas, etcétera. Y me reconozco muy fan suyo. Bueno, últimamente ya no tanto.

18. *Aka* Bridget Jones.

cómodamente en una butaca y empieza la peli. De repente, estás tan metido en su trama que, psicológicamente, es como si estuvieras ahí. Empiezas a experimentar un montón de emociones, resultado de identificarte con las imágenes proyectadas sobre la pantalla blanca. Hasta puede que pierdas la noción del tiempo, y que lo que pasa en dos horas te parezca que ha sucedido en un plis. Estás totalmente absorto en la peli, enganchadísimo a todo lo que está sucediendo en ella.

Aunque estás, a nivel psicológico, muy metido en la peli y te parece que lo que estás experimentando a través de ella es real, hay una parte de ti que es consciente de que, en realidad, estás viendo una peli proyectada sobre una pantalla. Eres consciente de la ilusión y la realidad al mismo tiempo. Por un lado, eres consciente de la trama de la peli, en la que estás metidísimo y que te está generando un montón de pensamientos y emociones, y por otro eres consciente también del funcionamiento de la proyección, es decir, de que la peli que estás viendo sale de un proyector que está en la parte posterior de la sala (en la sala de proyecciones) y se proyecta sobre una pantalla blanca. En tu mente sabes que es una peli, pero eso no quita que te rías, llores o te asustes con lo que sucede en ella. Una parte de ti sabe que no está sucediendo nada en realidad y otra parte de ti te hace reaccionar como si estuviera sucediendo.

Imagínate que, en un momento dado, la imagen proyectada sobre la pantalla blanca deja de verse nítida, se interrumpe o empieza a haber cortes en el audio. La gente que está en la sala de cine contigo empieza a cabrearse, y alguien se levanta de su butaca y se abalanza contra la pantalla en un intento de solucionar los fallos. Está claro que el resto de los que estáis allí pensaríais que a ese alguien se le ha ido la cabeza, pues no va a conseguir solucionar nada manipulando la pantalla. El fallo no sucede en la pantalla, sino en el proyector que está en la sala de proyecciones y del que todo el mundo se ha olvidado, en parte, mientras la peli se proyectaba sin fallo alguno.

¿Ves un poco más claro el punto de vista al que intento apuntar todo el rato?

En esta metáfora, tal como sugiere Wapnick…

- La mente vendría a ser la sala de proyecciones.
- La capacidad de proyectar de la mente sería el proyector.
- La peli que sale del proyector y que tú ves en la pantalla representaría lo que entiendes como tu vida.
- La pantalla blanca donde se proyecta la peli de tu vida haría las veces del mundo.
- El personaje principal de la peli, con el que te identificas, es lo que entiendes como «yo», representado por un cuerpo humano.
- Quien está sentado en la butaca viendo la peli es el tomador de decisiones (o el observador) en tu mente.

La sala de proyecciones (la mente), el proyector (la capacidad de proyectar de la mente), la peli (lo que entiendes como tu vida, en donde apareces tú y un montón de personajes más), la pantalla blanca donde se refleja la proyección (el mundo) y quien está sentado en la butaca (el tomador de decisiones u observador en tu mente) forman parte de un mismo espacio, el cine, que es donde sucede toda la metáfora. Sin ese cine, nada de lo que sucede en la metáfora, podría suceder.

Ese espacio donde todo sucede y sin el que nada sucedería es, básicamente, la Consciencia.

El tomador de decisiones puede elegir identificarse tantísimo con el actor principal de la peli, que acabe creyéndose que la peli es su única realidad. Pero también tiene la capacidad de ser consciente de que esa película es solo una película que sale de un proyector (la mente), que se refleja en una pantalla blanca (el mundo) y que es, en realidad, ficción.

Imagínate que el tomador de decisiones decide, inconscientemente, identificarse única y exclusivamente con el actor principal de la película. Al creerse que es ese personaje, pasa de forma automática a identificarse solo con él y con todo lo que le sucede en la película. Adopta la identidad del personaje que, en la peli, parece estar separado del resto de los personajes, y que le empuja a creer ser alguien importante y especial dentro de la película, que pasa a ser, para él, la única razón de su existencia. Su causa, en vez de un efecto. Pero por eso se llama el tomador de decisiones, porque puede decidir qué creer y, por tanto, qué entender como su realidad. Aunque se haya olvidado de su capacidad de decidir, que es lo que le permite poder ser consciente de que el quid de la cuestión está en la sala de proyecciones (la mente), en realidad nunca ha perdido su capacidad de decidir a ese nivel. Solo ha de ser consciente de ella y estar dispuesto a recordar su realidad esencial en lugar de la realidad ficticia que ha decidido creer y tomar como real para sí mismo.

Como ves, esa realidad ficticia, esa peli con la que el tomador de decisiones se ha decidido identificar, es lo que entiendes como tu vida. Y eso es lo que vamos a observar en los próximos capítulos, algunos aspectos que forman parte de la experiencia que crees estar teniendo mientras actúas en tu propia peli.

A través de esta metáfora, espero que hayas podido entender el punto de vista al que intento apuntar, que no es más que un punto de vista desde el que mirar el *tinglao* este que nos hemos montado.

Y sí, ahí estamos la gran mayoría de los seres humanos en nuestra condición humana, enganchados a la peli de nuestra vida, identificados con nuestro personaje y tratando de cambiar algo a golpes con la pantalla. Esto es, cambiar algo en el mundo. No nos damos cuenta de que el mundo tan solo es un efecto, no una causa. Igual que la peli. Un efecto ilusorio proveniente del proyector que está en la sala de proyección. Un efecto de la mente. Y es que todo, todo y todo, está en la mente.

Pero parece ser que no recordamos nada de esto. Y ahí es donde empieza todo el follón.

Nunca un terrón de azúcar dio para tanto

Voy a pegar, aparentemente, un pequeño salto. Pero es que quiero utilizar algo que vi hace poco y que creo que puede tener algún tipo de relación (o no) con esto de la naturaleza ilusoria de esta experiencia a la que llamamos vida.

Hay un vídeo en YouTube que, cuando lo vi hace unos meses, me pareció la hostia. Por si lo quieres ver, se titula «La ciencia y la física cuántica nos ayudan a entender el universo». En él, habla Sonia Fernández-Vidal,[19] y explica algo que me

19. Doctora en Óptica e Información Cuántica y Física por la UAB (Universidad Autónoma de Barcelona). Es académica electa de la Real

voló los sesos. Tranqui, no es mi intención hacer un ensayo sobre física cuántica, entre otras cosas porque sería totalmente incapaz de hacerlo, pero sí me gustaría trasladarte una idea que, como te decía, puede tener relación (o no) con el punto de vista radical que estoy planteándote. En un momento de ese vídeo, Sonia comenta algo parecido a esto. *Are you ready?*

Venga, pues trae a tu mente la imagen de un átomo. Seguramente la has visto mil veces, es esa imagen con una bolita en medio y con bolitas más pequeñas que orbitan a su alrededor. Madre mía, se nota que la ciencia no es mi fuerte, ¿eh? Bueno, a lo que iba. Dicen que los átomos constan de un núcleo, formado por protones y neutrones, y luego electrones que giran a su alrededor a distintas velocidades. El átomo es una de las partículas más pequeñas que, hasta el momento, hemos sido capaces de observar en la materia. Vale, pues imagínate que cogemos ese átomo y lo pasamos por una máquina de hacer cosas grandes, al más puro estilo *Cariño, he agrandado al niño.*[20]

Después de pasar el átomo por la máquina de hacer cosas grandes, imagínate que su núcleo queda del tamaño de una pelota de ping-pong. Sonia comenta que, si pusiéramos esa pelota de ping-pong en el centro del estadio Santiago Bernabéu, en el césped, el electrón que orbita a su alrededor sería más pequeño que la punta de un alfiler y la órbita que dibujaría equivaldría a la distancia que existiría si orbitara desde la línea

Academia Europea de Doctores (RAED) y en 2017 fue seleccionada por la revista *Forbes* como una de las cien personas más creativas del mundo. Una monstrua, la tía.

20. Película norteamericana que se estrenó en el año 1992, cuyo título original es *Honey, I Blew up the Kid* y que es la segunda parte de *Cariño, he encogido a los niños (Honey, I Shrunk the Kids).*

de asientos más alta del estadio. Todo el resto, los asientos, el campo, las porterías, etcétera, sería espacio completamente vacío. De hecho, comenta que un 99,99999 por ciento del átomo está vacío del todo. ¿Cómo te quedas?

Luego dice que, si cogiéramos todos los átomos de los que se componen los cuerpos de todos los seres humanos, de todas las personas que estamos en el planeta Tierra, y juntáramos dichas partículas, todos los núcleos y los electrones juntitos quitando el espacio vacío que hay en medio... ¡cabríamos en un simple terrón de azúcar! ¿Flipas o no? Nunca un terrón de azúcar dio para tanto.

Y también comenta algo que es muy friki pensar. Dice que, acorde con la física cuántica, cuando te sientas en una silla... ¡esa silla está en un 99,99999 por ciento vacía! ¿Hola?

Y eso ya no es filosofía ni un punto de vista radical. Eso es ciencia. Que no es que yo a la ciencia le dé más entidad que a la filosofía ni que a los puntos de vista radicales, para nada. Y vale, la ciencia aún no tiene claro el enlace entre lo que sucede a nivel micro (el átomo) y lo que sucede en el macro (lo que nosotros percibimos), pero no sé, podemos reconocer que, como mínimo, es muy intrigante lo que plantea la doctora en ese vídeo y nos abre todo un nuevo campo de posibilidades para que podamos reinterpretar la forma en que entendemos esta experiencia que estamos teniendo. Si la materia, en el micro, no parece comportarse de la misma manera que en el macro, es decir, si la materia es, en el micro, un 99,99999 por ciento vacío... ¿Será que mi punto de vista tan radical podrá encontrar un razonamiento científico que apunte a él de alguna u otra manera, por loco que parezca?

Ahí te lo dejo. Por si las moscas.

Gracias, Calderón

Este punto de vista radical con el que estoy arrancando, y que apunta a un determinado lugar que deberás descubrir por ti mismo, puede convertirse en un arma de doble filo. Te cuento. Darlo por bueno, así de primeras, sin que su comprensión provenga de la experiencia, puede empujarte a un estado de indiferencia. ¿Estado de indiferencia? Sí. Puede empujarte a pensar que, si todo es un sueño, una peli, totalmente ilusorio, nada tiene importancia. Puede sumergirte en un estado de indiferencia total desde el que es muy fácil pensar que nada, en la experiencia, vale la pena. Te lo digo porque este personaje desde el que te hablo, Joan Miquel, parece que ya pasó por ahí.

Caer en esa trampilla sería algo parecido a decir que has visto una serie, habiendo visto tan solo el primer capítulo y el último. En realidad, no tendrías ni pajolera idea de lo que pasa en la serie, y para poder comentarla con tus colegas tendrías que, sí o sí, verla entera. Así que no te preocupes si algo parecido a eso te sucediera, pues la experiencia misma (lo que vendría a ser ponerte a comentar la serie con tus colegas) te va a hacer consciente de que es solamente a través de ella como se posibilita la plena comprensión de este punto de vista. Y es que este punto de vista, más allá de su conceptualización, tan solo se hace presente a través de la experiencia.

Dicho de otra forma, esto que entendemos como nuestra vida es lo único que tenemos para experimentar y comprobar, por nosotros mismos, si este punto de vista al que pretendo apuntar tiene sentido o no. Solo por eso vale la pena experimentarla al cien, con todo lo que trae, pues todo está incluido en ella. Y solo por eso merece, también, ser tomada en cuenta. Ser observada. Y esa es mi invitación.

Venga, voy a ir finiquitando este capítulo.

Una de mis creencias me dice que la literatura no es uno de mis fuertes. Y aunque ya no me la creo demasiado, he de reconocer que sigo prefiriendo el tecno. Pero permíteme cerrar este primer capítulo con un fragmento del monólogo de Segismundo en la obra de teatro titulada *La vida es sueño*, de Calderón de la Barca[21] que, como puedes ver, ha inspirado el título que he querido utilizar para ilustrar este primer flashazo mental. Gracias, Calderón. Me has venido que ni pintado.

Yo sueño que estoy aquí destas prisiones cargado,
y soñé que en otro estado
más lisonjero me vi.
¿Qué es la vida? Un frenesí.
¿Qué es la vida? Una ilusión,
una sombra, una ficción,
y el mayor bien es pequeño:
que toda la vida es sueño,
y los sueños, sueños son.

21. Escritor español conocido por ser uno de los principales autores barrocos del Siglo de Oro. Su fuerte eran las obras de teatro, y a mi padre le gusta mucho.

PARTE I

VIVIENDO CON EL PILOTO AUTOMÁTICO

(Sistema usado para guiar un objeto sin la ayuda de un ser humano)

BUSCANDO EN EL BAÚL DE LOS CONCEPTOS (¡UUUH!)[22]

La peli de tu vida, tal como tú la percibes, está conformada por un montón de pensamientos e imágenes mentales. Conceptos y más conceptos. Claro, es una peli y ya sabes que lo que pasa en las pelis es ilusorio, por mucho HD, *dolby surround* y efectos especiales que se le enchufen. Todo ficción. Una ilusión, proyectada desde la mente y percibida posteriormente en la pantalla del mundo a través de tus mecanismos sensoriales. Tus sentidos, vamos, que recogen información que *a posteriori* tu cerebro interpreta. Y precisamente por esa percepción sensorial y su posterior procesamiento cerebral, es por lo que te parece tan extremadamente real.

Hay tantas aparentes realidades conceptuales distintas como seres humanos en el mundo. La pregunta es... ¿cómo va a ser la realidad real algo que está tan sujeto a interpretaciones? Podríamos decir, entonces, que la nuestra es como una especie de realidad ficticia formada por un montón de pelis individuales que acaban conformando algo parecido a la gran

22. Guiño a la canción «El baúl de los recuerdos», popularizada por la cantante Karina en 1969.

peli del mundo. Un puñado de conceptos entrelazados, aunque aparentemente separados, en el que parecemos cobrar entidad a través de nuestro cuerpo, mediante el cual interactuamos con todo lo que percibimos como externo a nosotros.

Y ahí empieza el lío. Porque según nuestra percepción estamos nosotros y, fuera de nosotros, todo lo demás. Vemos nuestro cuerpo como algo separado de un mundo externo a nosotros. Un mundo regido, a su vez, por un montón de conceptos, como por ejemplo el espacio y el tiempo. En realidad, todo son conceptos mentales que, aunque nos parezcan externos, son proyecciones. Pensamientos de una misma mente.

Y si todo son conceptos, ¿qué debemos ser, entonces, eso que entendemos como tú, como yo y como la vecina del tercero? ¡Bingo! También conceptos mentales. O pensamientos, llámale como quieras. Como ves, sigo con mis puntos de vista radicales. Pero por algo sigues aquí, ¿no?

Con los filtros puestos

El yo separado con el que te identificas, que parece dotado de un cuerpo y de una mente humana, es absolutamente conceptual. Como veíamos en el capítulo anterior, en un 99,99999 por ciento vacío. Como la silla en la que te sientas. Un personaje proyectado en la pantalla del mundo, que es consciente de sí mismo, percibiéndose a través de un montón de mecanismos sensoriales que parecen hacer real la peli, aunque, en realidad, solo parece real porque así lo eliges. Inconscientemente, vale. Pero lo eliges. Tranquilo, eso no solo te sucede a ti. De hecho, ahí andamos la gran mayoría de los seres humanos.

Desde ese concepto de tu yo separado, inmerso en una realidad proyectada en la pantalla del mundo, tratas de darte una explicación a lo que eres. Como percibes un mundo separado de ti y, por tanto, dual, todo lo que percibes está fragmentado. Y así te percibes también a ti.

En ese intento de darte una explicación a lo que eres desde tu mente humana, que consideras como individual y fragmentada, fabricas un montón de conceptos acerca de lo que tú te crees que eres y con los que te identificas. Y lo que sueles hacer es utilizar un sistema de opuestos para hacerlo. Lejos de ser consciente de tu perfecta totalidad y de tu unidad esencial con todo lo que es, seleccionas determinados polos de entre infinidad de distintos pares de opuestos para tratar de definirte. Algunas de esas selecciones pareces hacerlas conscientemente, pero la gran mayoría de ellas las automatizas de manera inconsciente. Como si estuvieras programado. ¿Te suena?

Voy a ver cómo te explico esto. De esos aparentemente distintos pares de opuestos, determinas cuáles son aceptables para ti y cuáles no. Y así, te dices, por ejemplo, que eres hombre o mujer, lo que implica que, si eres hombre, no eres mujer y viceversa. O te dices que eres no binario, y entonces no eres ni hombre ni mujer. Quizá te dices que eres guapo y, por tanto, no eres feo. O que eres valiente, por lo que no eres cobarde. Además, te identificas también con otros conceptos, como por ejemplo con tu profesión (por eso dices: «Soy médico», o «Soy cocinero», o «Soy peluquero»), con tu nacionalidad («Soy español», «Soy vasco», «Soy europeo»), con una religión determinada («Soy cristiano», «Soy protestante», «Soy budista»), con aspectos concretos relacionados con la salud

(«Soy diabético», «Soy celíaco», «Soy un enfermo») y hasta con ideologías políticas («Soy de izquierdas», «Soy nacionalista», «Soy anarquista»). Y así, un montón de identificaciones conceptuales más, que a su vez están ligadas a montones más de conceptos.

Al final, lo único que haces es crear una imagen de ti mismo en tu mente humana, que responde a aquello que tú piensas que piensas que eres. Una imagen limitada de lo que, en realidad, eres y desde la que experimentas. Pero una imagen en tu mente, al fin y al cabo. Una imagen mental que, además, parece estar sujeta a cambios. Quizá un día te jubiles y dejes de ser peluquero, o te nacionalices alemán y dejes de ser español, o cambies de creencias religiosas y te conviertas al judaísmo, dejes de ser diabético o de izquierdas. Es curioso observar que, cuando un concepto con el que nos identificamos cambia, solemos reemplazarlo por otro concepto. Y aunque tengamos la percepción de cambio, en verdad, es lo mismo, tan solo cambiamos un concepto por otro, pero la identificación conceptual sigue estando ahí. Y es que todo lo que digas después de la construcción «Yo soy» te desmerece, pues es una identificación conceptual y añade capas y capas de conceptos a lo que realmente eres, dificultando que tu ser esencial pueda manifestarse a través de ti.

Esto es como si te haces una foto con tu móvil y empiezas a añadirle filtros y más filtros hasta el punto en que, visualmente, pareces ser algo totalmente distinto a lo que eres. Es decir, fabricas una imagen ficticia de ti mismo. Y empiezas a creerte que, en realidad, eres lo que ves en la foto ultrafiltrada y ficticia. Al creértelo, muy en el fondo sabes que eso no eres tú, pero no puedes reconocerte esencialmente, y tan solo te reconoces con los filtros puestos. ¿Ves un poco adónde trato de apuntar?

No hay nada bueno ni malo en ello, ya que parece formar parte de nuestra experiencia como seres humanos, como personajes principales de nuestra propia película en la pantalla del mundo. El tema está en que, tras la selección (mayoritariamente inconsciente) que hacemos, nos identificamos con uno de los conceptos polarizados, descartando de modo automático lo que entendemos como su opuesto. Y ahí empezamos a limitarnos a nosotros mismos, pues intentamos dar espacio en nosotros tan solo a aquellos conceptos que nos parecen aceptables y con los que nos identificamos, tratando de ocultar sus opuestos en nosotros, como si no existieran. Aunque existen... ¡Claro que existen!

Voy a ver si puedo utilizar mi propia experiencia para explicar esto.

En mi identificación con mi personaje, con este ser humano llamado Joan Miquel, al observarlo, puedo ver cómo aparece en mí un concepto con el que me identifico y que está relacionado con la seguridad. Me digo que soy un tío seguro de sí mismo. Ese considerarme un tío seguro siempre me ha empujado a posicionarme, en mi experiencia, del lado de ese polo. Y, claro, obviamente puedo reconocerme como un tío seguro en determinados aspectos y frente a determinadas situaciones. Pero, si soy sincero conmigo mismo, veo que también puedo reconocerme inseguro en muchas ocasiones. En muchísimas. Por tanto, podría ser que no soy seguro ni inseguro, o que soy las dos cosas, que para el caso es lo mismo.

Al identificarme, en mi mente humana, únicamente con mi autoconcepto de tío seguro, cuando percibo que me siento inseguro, aparece en mí una gran resistencia hacia esa inseguridad que siento. Y me rayo. Y trato de escapar de ella. Y haciendo eso, me genero grandes dosis de sufrimiento.

Si lo observo, lejos de lo que pueda pensar, el sufrimiento no lo genera la inseguridad, que es tan solo un concepto, sino mi oposición a ella. Y voy a repetir esto porque ahí hay chicha. Sufro cuando me siento inseguro, pero no por la inseguridad en sí, sino por mi oposición a mi experiencia de inseguridad que resulta de la identificación con mi autoconcepto de tío seguro.

No es que no perciba en mí inseguridad, claro que la percibo. Y a niveles estratosféricos. Pero experimento serias dificultades para permitírmela. De alguna manera, desde mi mente humana, determino que la inseguridad no me mola, que no es algo que merezca ser experimentado, pues no está alineada con el concepto que tengo de mí mismo. Y, cuando la percibo en mí, intento luchar contra ella. Trato de negarla, de esconderla. Hago como si no existiera. Trato de escaparme. Y no sé si eso tiene mucho sentido, porque oponiéndome a ella, me estoy oponiendo a mí mismo. Y no solo a mí mismo. Entro en oposición con mi experiencia, con lo que está sucediendo en ella, pues la inseguridad está presente en mi experiencia. Es como si le dijera a esa parte de mí que expresa inseguridad algo así como: «¡Hey! ¿De qué vas?, ¿qué haces aquí?, ¿a ti quién te ha invitado a este sarao? Porque yo no he sido».

Además, cuando lo veo desde una conciencia de unidad, puedo ver las grandes dosis de seguridad que percibo en mí cuando, de vez en cuando, me permito sentirme inseguro. ¡Y eso es la puta bomba! Porque ahí es cuando el espacio mental que percibo entre mi imagen mental del concepto seguridad y mi imagen mental del concepto inseguridad, desaparece, y seguridad e inseguridad pasan a ser una misma cosa.

Como ves, al tratar de definirme por mi cuenta, lo que hago es limitarme y limitar mi experiencia, que lo incluye todo, oponiéndome a ella. Y no sé si eso tiene mucho sentido. Porque, además, si ya estoy percibiendo inseguridad en mí... ¿qué sentido tiene tratar de oponerme a ella en vez de darle espacio y abrirme a experimentarla?

En realidad, seguridad e inseguridad son tan solo conceptos, ideas, pensamientos que yo pienso que pienso y que, al pensarlos e identificarme con uno de ellos, asocio a determinadas emociones y sensaciones que me parecen superreales ya que las experimento a través de mi cuerpo. Y como pienso que los pienso, me creo que son reales, pero no lo son. No son más que conceptos, pensamientos, ideas, propuestas que me hago, historias que yo me cuento basadas en mi percepción, aspectos incluidos en la totalidad de lo que soy y que se expresan a través de mi experiencia en la peli de mi vida. Y que, además, tienen un mismo origen, pues... ¿quién es el que piensa en términos de seguridad o inseguridad?

¿Te suena de algo todo esto? Siento haber tenido que echar mano de mi experiencia personal para explicar este concepto, pero es lo único que puedo utilizar, en este momento, para transmitirlo de manera algo entendible. Los conceptos que forman parte de la experiencia, explicados a través de símbolos (que son las palabras), se alejan doblemente de la experiencia. Así que me voy a permitir ir utilizando mi experiencia para tratar de hacer un pelín más comprensibles determinados conceptos. Como ves, todo son aparentes movimientos que parecen suceder en el baúl de los conceptos.

Quiero invitarte a jugar un poco. Tranqui, que es solo un juego. Un juego de observación. Y para ello, voy a pedirte que pongas la atención en ti y que trates de ser tan sincero contigo mismo como puedas permitirte en este momento. Recuerda, es solo un juego y no se trata de determinar absolutamente nada ni de llegar a ningún lugar. Tan solo se trata de jugar.

Localiza alguno de los conceptos con los que te identificas en tu experiencia y del que seas consciente. Si quieres, puedes utilizar una fórmula parecida a «Considero que soy X». En el lugar de esa X, puedes poner cualquier concepto acerca de lo que tú te dices que eres (generoso, educado, tranquilo, miedica, superficial, coherente, etcétera. Cualquiera sirve). ¿Lo tienes? Venga, pues, como decía Joaquín Prat[23] en *El precio justo*... ¡A jugaaar!

Ahora, observa cómo ese concepto se expresa a través de ti. En qué aspectos de tu experiencia lo percibes. Y trata de encontrar lo que, para ti, sería su opuesto. Por ejemplo, si has escogido el concepto generoso, su opuesto podría ser egoísta. Ahora observa cómo ese opuesto se expresa a través de ti en tu experiencia. Observa cómo, en ocasiones, también te sientes así, lo percibes. Y observa lo que sucede cuando percibes que te sientes así. ¿Hay incomodidad y resistencias? ¿Te opones a ello? ¿Tratas de esconderlo? ¿Te dices que, si le das espacio a ese aspecto de tu experiencia, sufrirás? Intuyo que, si te estás permitiendo ser honesto, la respuesta a esas preguntas será sí. Un sí que podrías matizar mucho, vale. Pero un sí, al fin y al cabo.

¿Puedes ver, también, que ese aspecto al que tú no quieres

23. Presentador de radio y tele español que entre 1988 y 1993 presentó *El precio justo*, programa basado en el formato norteamericano *The Price is Right*. De pequeño me encantaba verlo, ya ves tú.

dar espacio en la experiencia de tu vida, porque te crees que si le das espacio te va a hacer sufrir, también forma parte de ella? ¿Y puedes ver cómo, al entrar en oposición con ese aspecto, entras en oposición contigo mismo, con un aspecto de ti y con lo que ya está sucediendo en tu experiencia, y puedes ver qué es lo que eso te genera? ¿Te das cuenta de que tratar de evitar el sufrimiento, oponiéndote a ese aspecto con el que no te identificas es lo que, en realidad, te está generando el sufrimiento que tratas de evitar?

Además, por mucho que intentes echar al baúl de los conceptos olvidados todo aquello con lo que entras en oposición, no desaparece. De hecho, empiezas a verlo en eso que entendemos como el «ahí fuera». Pero eso lo veremos más adelante, si es que sigues leyendo.

Te estoy haciendo un buen lío, ¿eh? Tranqui, cuando yo empecé a darme cuenta de esto, literalmente me explotó la cabeza. Fue como si me hubiera tomado un tripi. Y lo sé porque me he tomado unos cuantos. Me di cuenta de que todo lo que yo pienso que soy no son más que conceptos y más conceptos. Unos llevan a otros y los otros a otros y así capas y capas de conceptos que yo he fabricado, consciente o inconscientemente, en mi intento de darme una explicación a lo que soy y a lo que hago en esta experiencia que tengo mientras estoy enredado en la peli de mi vida.

Una invitación a la fiesta de tu totalidad

Lo que tú te piensas que eres no es otra cosa que capas y más capas de conceptos. Pensamientos, vamos. Pensamientos que, de alguna manera, te dificultan abrirte a disfrutar al cien por cien de la fiesta de tu totalidad, de lo que realmente eres, que no necesita de ningún concepto para existir pues, además, ni siquiera puede ser conceptualizado.

Tú eres todo. Formas uno con todo y todo está incluido en ti.

Al identificarte únicamente con determinados conceptos, con aspectos concretos de lo que tú te dices que eres, lo único que consigues es limitarte, decidiendo qué aspectos de tu personaje consideras adecuados y qué aspectos no. Por tanto, tratas de determinar qué aspectos merecen ser experimentados en la peli de tu vida y cuáles no. Y siento decírtelo, pero eso no depende de ti, aunque te encabezones en creer lo contrario.

Además, si me pongo, podría hasta decirte que al invalidar (es decir, no aprobar) partes de ti, al no ser capaz de validarte al cien por cien a ti mismo, lo que haces es empezar a buscar esa validación (aprobación) en eso que entiendes como el ahí fuera. ¿Te suena?

A ver, esto que haces no está bien ni mal. Como te decía anteriormente, forma parte de tu experiencia humana. Y tranquilo, porque como te comentaba antes, parece que lo hacemos todos. O casi todos. No se trata de determinar si está bien o mal, aunque eso sea lo que intentamos hacer todo el rato. Se trata de que puedas ser consciente del gran embolado mental en el que, aparentemente, andas metido.

Si te das cuenta, lo que tratas de hacer al definirte con determinados aspectos y fabricando capas y capas de conceptos con los que te identificas es un mecanismo de supervivencia en la pantalla del mundo. Seguramente, ese mecanismo te fue útil en algún momento. Pero puedes ser consciente, si así lo deseas, de que quizá ahora mismo ya no lo necesitas más, pues a través de ello solo te limitas y entras en oposición con la forma en que está siendo tu experiencia. Y repito, eso genera mucho sufrimiento.

Aun así, no se trata de rechazar nada, porque sería de nuevo entrar en oposición con lo que está siendo. Así que no te opongas a esos conceptos. Más bien, date permiso para utilizarlos. Es tu experiencia, y no se me ocurre ninguna manera mejor de experimentarla que jugando con ella y transitando a través de ella.

Tu identificación con determinados aspectos conceptuales de tu experiencia es una continua invitación que te hace la vida para que puedas ser consciente de ella y te permitas emprender el viaje de regreso a casa, a tu perfecta unidad. A tu completa totalidad. Al fin y al cabo, ya que la identificación parece estar sucediendo, ¿por qué no utilizarla?

Porque, además, fíjate. Pudiera ser que, lo que entiendes como opuestos, no sean en realidad opuestos. Bueno, son opuestos si así decides percibirlos. Pero también puedes percibirlos como las dos aparentes caras de una misma moneda. Esa moneda eres tú. Y en ti, esencialmente, nada está diseñado para oponerse a nada. Por eso, otra forma de ver esta aparente oposición es usando el concepto de complementariedad. Como ves, seguimos en el baúl de los conceptos. Lo que, en vez de identificarte, te estoy invitando a jugar con ellos.

Por ejemplo, en vez de percibir la inseguridad como lo

opuesto a la seguridad, puedes verla entendiendo que, sin la inseguridad, no podrías saber qué es la seguridad. Por tanto, seguridad e inseguridad son conceptos complementarios, pues se necesitan el uno al otro para poder ser conceptualizados. Asimismo, si te consideras generoso, por ejemplo, tiene que existir en ti el egoísmo para que puedas considerarte generoso. Si no existiera en ti el egoísmo…, ¿cómo ibas a poder identificarte con tu generosidad? ¿Cómo ibas a poder, siquiera, experimentar lo que es la generosidad? Que te identifiques mucho más con tu parte generosa es una invitación a que puedas ser consciente, también, de tu parte egoísta. Y desde ese lugar, en que eres consciente de tu parte egoísta, puedes empezar a permitirla, a integrarla en ti, a darte permiso a expresar egoísmo si así lo estás percibiendo. No hay nada bueno ni malo con tu generosidad. Igual que tampoco hay nada bueno ni malo con tu egoísmo. En realidad, generosidad y egoísmo no son nada. Tan solo conceptos. Ideas. Por consiguiente, ¿qué problema hay en permitirlos ambos, para que se integren en la total unidad a la que apunta, continuamente, tu experiencia?

Puedes permitirte serlo todo. Pues eres todo.

Puedes permitir que esa totalidad que eres, que esa perfecta unidad de todo lo que es, con todos sus aparentes distintos aspectos, se exprese a través de ti. Ya no necesitas seguir limitándote ni seguir limitando tu experiencia a través de tu identificación con determinados aspectos conceptuales que tú mismo has fabricado.

La Vida no entiende nada de toda esta conceptualización

y, aún sin entender nada, te invita constantemente a que uses tu experiencia para hacerte consciente de su totalidad, de toda la paz, el amor y la perfecta unidad que descansa inmutable bajo todas las capas y capas de conceptos que te has dedicado a fabricar, identificándote con ellos, en un intento de darte una explicación a lo que eres, cuando lo que eres, en realidad... Ya lo eres sin necesidad de ningún concepto que lo explique.

Acabas de recibir una invitación a la fiesta de tu totalidad. ¿Te apuntas?

LA HISTORIA DE LAUREL Y YANNY

Como trato de plantearte, el mundo en realidad no es nada ni hace nada. Tan solo es una pantalla sobre la que se proyecta la peli de tu vida, pero carece completamente de significado. Eres tú, y solo tú, quien le otorga todo su significado al mundo que percibes. No es que el mundo signifique algo y tú entiendas ese algo que significa, sino más bien al revés. Proyectas el mundo mentalmente, para percibirlo y otorgarle el significado que piensas que tiene para ti.

Quizá, en este momento, te esté asaltando alguna pregunta del tipo: ¿qué hace, entonces, que tengamos la impresión de estar viviendo en él? ¿Qué hace que todo nos parezca tan real si, en efecto, no lo es?

En toda esta empanada mental de identificación con conceptos y más conceptos que nos traemos los seres humanos, encontramos, por ejemplo, una identificación como un piano con nuestro cuerpo. Pensamos que esto a lo que llamamos vida transcurre dentro de un cuerpo, y eso nos hace percibirnos separados de todo lo que conocemos como el ahí fuera. El sujeto, que se percibe dentro de un cuerpo, está separado del objeto, al que percibe ahí fuera. Y, claro, tras identificarnos con un cuerpo separado de todo lo demás, nos estamos identificando también con todas las percepciones sensoriales a las que damos forma en nuestro cerebro humano. A través de nuestros sentidos, recibimos informaciones que luego nuestro cerebro interpreta. Pero si hay algo que he podido comprobar, es que la información que captamos a través de los sentidos y que secuenciamos en nuestro cerebro tampoco es para nada real.

En relación con esto, me viene a la memoria un audio que me pasaron hace un tiempo en que se escucha una secuencia auditiva que algunas personas perciben como «Laurel» y algunas otras perciben como «Yanny». No sé si sabes de lo que te estoy hablando, pero si la respuesta es no, con que pongas en Google «Laurel Yanny», lo encontrarás fácil. Tú escucharás «Laurel» o escucharás «Yanny», y ninguna de las cosas que escuches está equivocada. ¿Adivinas por dónde voy? Nuestra percepción está sujeta a interpretaciones, lo que recibimos a través de nuestros receptores sensoriales y que secuenciamos en nuestro cerebro es tan solo una interpretación, o todo esto no es más que una ilusión en que nada de lo que percibimos es, en realidad, como pensamos que lo percibimos. Entiéndelo como te dé la gana.

Como ves, en tu propia peli y en tu identificación con el personaje principal que aparece en ella (o sea, tú) pareces estar atrapado en un círculo vicioso de proyección y percepción. Todo lo que ves es una proyección mental, con la cual te identificas, y a partir de ese momento empiezas a percibirla como algo externo a ti. Externo y, aparentemente, superreal. Tus receptores sensoriales parecen recibir informaciones que tu cerebro interpreta de determinada manera y, en función de esa interpretación, te manda de vuelta determinadas propuestas en formato pensamiento. Y hasta aquí puedo leer, porque ciertamente mi personaje, Joan Miquel, no es un gran erudito en neurociencia.

Si te interesa saber algo más respecto a cómo funciona el cerebro humano, te recomiendo que cotillees algo de un tipo que me encanta y que se llama David del Rosario,[24] todo un crack en la materia. Pero, vamos, lo único que intento es resumir, rápida y vagamente, qué hace que tengamos la impresión de que la proyección que vemos en la pantalla del mundo sea tan real, cuando no lo es. Todo es mera interpretación.

Una vez visto esto, podemos darnos cuenta de que experimentamos el mundo que proyectamos a través de nuestra percepción. Y nuestra percepción es del todo interpretativa, sujeta a un montón de capas y capas de conceptos y pensamientos que, ciertamente, no son más que propuestas, pero que nosotros tomamos como verdad verdadera y absoluta.

Olvidamos que proyectamos con la mente, percibimos erróneamente en la pantalla del mundo y damos por real la percepción interpretada. Una auténtica chaladura. Neurosis pura y dura.

Entre Watson y Belén Esteban

Los conceptos que fabricas y que utilizas para explicarte lo que eres y con los que te identificas, de los que te hablaba en el capítulo anterior, son un determinante en tu manera de percibir esta experiencia que crees estar teniendo en la pantalla

24. Un jefazo. Es un investigador pionero en el ámbito de la neurociencia aplicada al día a día, reconocido por el Colegio Oficial de Ingenieros con el Premio Nacional de Telecomunicaciones y por la Universidad de Barcelona con el premio extraordinario en MsC Biomedical Engineer. Además, es autor del best seller *El libro que tu cerebro no quiere leer* y de *La biología del presente* (junto a mi admirado Sergi Torres). Su web es daviddelrosario.com.

del mundo y a la que llamas vida. Esos conceptos forman lo que algunos llaman personalidad. Y quiero detenerme un poco con este concepto: personalidad.

Un par de definiciones que da la RAE (siento usarla como referencia) para definir el concepto, de hecho, en la primera y la última que da, lo define como «diferencia individual que constituye a cada persona y la distingue de otra» y como «conjunto de cualidades que constituyen a la persona o sujeto inteligente». Lo que viene siendo algo así como aquellos aspectos que definen a una persona. Es curioso atender al origen etimológico de la palabra «persona», que proviene del latín *persōna* y tiene su raíz en el griego, en *prósōpon.* Hace alusión al uso de la máscara que utilizaban los actores en los teatros griegos. Algunas teorías dicen que, como no existían los micrófonos en aquella época, era complicado que todos los asistentes al teatro pudieran escuchar completamente lo que los actores decían, y usaban las máscaras, que eran cerradas y con un orificio en la boca, para que sus palabras resonaran con mayor potencia desde el escenario. Pero lo relevante es que las distintas máscaras representaban diferentes personajes y estados emocionales, como la alegría o la tristeza. Por tanto, etimológicamente, la palabra «persona» se refiere a una máscara utilizada en la representación de una ficción.

¿Eres consciente de la relación que trato de establecer?

Lo que vulgarmente entiendes como tu personalidad no son más que un montón de conceptos mentales que te dices acerca de lo que tú eres, y con los que te identificas, y que te sirven para representar diferentes papeles, a través de tu personaje, en la pantalla del mundo. Tu personalidad, entonces, es una construcción conceptual. Un montón de ideas, imágenes, pensamientos que piensas que piensas acerca de ti mismo. Nada más. Y nada menos, claro. Una imagen de ti mismo que tú has fabricado y de la que, sin ser consciente de ello, te vales para interpretar tu experiencia.

Lo curioso es que, basándote en esa construcción conceptual que tú fabricas y con la que te identificas, que a su vez da forma a eso que entiendes como tu personalidad, interpretas lo que percibes en el mundo. En consecuencia, tu percepción y tu interpretación son la clave para tu comprensión de todo lo que localizas como externo a ti. En realidad, no hay nada externo a ti, pues todo es una proyección de tu mente, pero como te has olvidado de ese pequeño detalle, entonces tienes el convencimiento de que sí que lo hay. Y eso no está ni bien ni mal, pues así parece estar siendo. Solo te invito a observarlo desde otro lugar para que puedas comprobar por ti mismo qué sucede, en tu experiencia y siempre que te apetezca, cuando la observas desde este otro punto de vista.

Lo que entiendes como tu personalidad es algo intrínseco a tu experiencia humana, la clave está en la identificación. Te crees que eres esa personalidad que tú has fabricado y que te hace tener determinada imagen de ti mismo. ¿Puedes ser consciente de tu personalidad sin identificarte con ella? ¿Puedes aceptarla y tratar de ver más allá de ella, a través de ella?

Lo único que estás viendo en el mundo son tus propios pensamientos acerca del mundo.

Por tanto, si lo único que ves son tus propios pensamientos..., ¿qué estás viendo en el mundo? Elemental, querido Watson.[25] A ti mismo.

25. El coleguita de Sherlock Holmes.

No ves el mundo como es, porque, de hecho, no hay nada que ver ahí fuera más allá de tus propios pensamientos, tus propios conceptos que se proyectan en la pantalla del mundo y que tú percibes ahí fuera, dotando a esa percepción de realidad. De realidad y de verdad absoluta, en la mayoría de las ocasiones. Y nada más lejos de la realidad real, pues todo lo que crees ver tan solo habla de ti y de tu manera de interpretar, que está determinada por todos esos conceptos que has fabricado acerca de ti mismo y con los que te identificas. Y es que como dice Belén Esteban[26] en un meme (benditos memes) que circula por las redes: «Nada es lo que parece».

Lo que ves ahí fuera y que te parece tan real ni está ahí fuera ni es tan real. Solo son tus proyecciones en formato HD que reflejan aspectos y conceptos de tu mente fabricados por ti. Tus pensamientos, al fin y al cabo, que tan solo hablan de ti. ¿Te das cuenta de lo que significa esto?

Viéndolo todo como Juan Palomo[27]

Para empezar, significa que puedes tomarte un respiro dándote permiso para no tener que llevar siempre la razón. Tus opiniones y tus posiciones solo responden a tu manera de interpretar lo que parece suceder. Son tus puntos de vista y tienen su utilidad, pues hablan de tu personaje y del papelazo que interpretas mientras te identificas con él. Nunca tienes ni más ni menos razón que cualquier otra persona. Todo es una ma-

26. Por si las moscas, te cuento quién es: es una colaboradora televisiva (por decir algo) española que se dio a conocer por haber tenido una relación y una hija (Andreíta, que se hizo famosa por no comerse el pollo) con el torero Jesulín de Ubrique. Una reina en toda regla.

27. El de «yo me lo guiso, yo me lo como».

nera de interpretar la película, cada uno desde su propia personalidad fabricada mentalmente. No hay una que esté bien y otra que esté mal. Así que sí, desde este momento ya puedes relajarte y dejar de discutirte con el mundo.

De igual manera, puedes permitirte ser consciente de que nadie nunca te está haciendo nada a ti. Lo que te parece que te hace el mundo y los distintos personajes que percibes en la pantalla habla de ti, de lo que tú proyectas mentalmente y de lo que interpretas en virtud de tu percepción. Así que ya puedes dejar de tomarte las cosas personalmente, pues nadie te está haciendo nada. Ni tu pareja, ni tus amigos, ni tu jefe, ni el Gobierno. Voy a ver si puedo utilizar un ejemplo para ilustrar esto. Es tan solo un ejemplo, ¿OK?

Imagínate que estás percibiendo que los medios de comunicación tratan de manipularte con su forma de emitir la información. Vamos, que crees que te manipulan. Te olvidas de que tu percepción está directamente relacionada con tu proyección y, como lo que percibes es que los medios manipulan desde eso que entiendes como el «ahí fuera», te pones como una fiera cuando lees o escuchas determinadas noticias. Percibes que son los medios de comunicación los que manipulan, cuando, en realidad, lo que percibes tan solo está hablando de ti.

Observa cómo ese pensamiento de manipulación existe en tu mente:

- ¿Puedes ver cómo se expresa en tu experiencia ese concepto de manipulación?
- ¿Puedes ver de qué manera tú te manipulas a ti mismo?
- ¿Puedes, en consecuencia, ver también cómo tratas de manipular continuamente eso que entiendes como el

mundo externo a ti, para que las cosas sean como tú piensas que quieres que sean?
- ¿Puedes ver, de igual manera, cómo tratas de manipular a los demás personajes de la peli para que se comporten de la forma que tú quieres que se comporten?

Observa cómo estás percibiendo algo que tú mismo estás proyectando, que es el concepto de manipulación que existe en tu mente. Tú manipulas, pero en vez de usar tu experiencia de manipulación para hacerte consciente de ti mismo, para reconocer aspectos de eso que llamas tu personalidad y que se proyectan en la pantalla del mundo sin que te des ni cuenta, lo que haces es poner la causa de tu concepto de manipulación, de tu aspecto manipulativo, en lo que parece suceder en tu propia peli, y pasa a ser algo que percibes como externo a ti.

La causa de todo lo que percibes siempre es la mente, y es ahí el único lugar en donde puede suceder la corrección, si es que alguna corrección debiera suceder.

Lo que pareces ver reflejado ahí fuera tan solo es un efecto. De hecho, lo que tú piensas que piensas que eres también es un efecto. Discutirte con el efecto y tratar de cambiarlo, no sé si tiene mucho sentido. Enlazando con la metáfora del cine, que utilicé hace un par de capítulos, lo que tratas de hacer la mayoría de las veces es lo que hace el tipo que se abalanza contra la pantalla de cine tratando de corregir las interferencias de visionado en la proyección que se refleja en ella, sin darse cuenta de que las interferencias no tienen nada que ver con la pantalla, sino con el proyector que está en la sala de proyecciones. Fijo que ves clarísimo que, sobre la pantalla, el tipo no va a poder solucionar nada, ¿cierto? ¿Eres consciente, entonces, de lo que vas a conseguir tú tratando de cambiar eso que percibes que sucede ahí afuera? *Ecco!* Na-da. Es decir, en algunas ocasiones puede parecer que consigas algo, pero eso es tan solo una ilusión, porque mientras el pensamiento que generó lo que percibes como externo a ti siga en tu mente, va a volver a manifestarse. No para joderte la vida, como sueles pensar, sino para que puedas hacerte consciente de tus fabricaciones mentales.

¿Te das cuenta de la maravilla de la experiencia? Yo me lo guiso, yo me lo como.[28] A lo Juan Palomo.

Intuyo que es posible que no te esté gustando leer esto y que hasta estén apareciendo en ti un montón de resistencias. Perfecto, no te resistas a las resistencias, que con resistirte a lo que yo estoy tratando de contarte, ya tenemos suficiente. Además, quiero tranquilizarte, si es que puedo. Toda resistencia a esto es lógica desde tu mente humana porque, en cierto modo, desmonta todo lo que lleva tanto tiempo construyendo. Además, cuestiona frontalmente el sinfín de energía que has invertido en defender tus opiniones y tus puntos de vista, así como la cantidad de relaciones que te has dejado por el camino porque «tenemos opiniones distintas (y, aunque no lo exprese verbalmente, por dentro estoy pensando que mis opiniones son las correctas y las tuyas son una equivocación)». También eres consciente de todo lo que te has perdido en tu experiencia simplemente porque «creo que eso no encaja conmigo, con mi personalidad y mis valores», que en realidad no

28. Expresión popular española que proviene de la *Letrilla Satírica III* de Francisco de Quevedo, escritor español del Siglo de Oro. Menudo coñazo de notas pongo a veces, lo sé.

son nada, pues son solo conceptos que tú mismo has fabricado y a través de los cuales, interpretas.

También puedes darte cuenta de cuán en vano han sido tus intentos de tratar de cambiar lo que parece suceder en la peli de tu vida desde la pantalla en donde se proyecta, que no es otra cosa que el mundo que percibes. Puedes ver cómo pretendes todo el tiempo que el mundo sea diferente, que los personajes que aparecen en tu peli cambien, que se den determinadas situaciones que piensas que son deseables para ti o que no se den muchas otras que piensas que son indeseables, y así un largo etcétera.

De nuevo, eso no está ni bien ni mal, es la experiencia y lo incluye todo, también esto. Pero… ¿puedes darte cuenta, en este momento, del sinsentido total de lo que sueles hacer?

Con faldas y a lo loco[29]

Nada de todo esto tendría el sentido que le otorgas si pudieras ser plenamente consciente de que somos un mismo Ser, una misma mente que se expresa a través de diferentes aparentes formas proyectadas en la pantalla del mundo, con el único fin de permitirte hacerte consciente de tu perfecta totalidad, de tu unidad con todo lo que es, que se manifiesta cuando puedes ver que todo lo que crees percibir es a ti y nada más que a ti. Y habla única y exclusivamente de ti.

Como no solemos partir de esta perspectiva, se nos da esta

29. En alusión a la peli de Billy Wilder, del año 1959, protagonizada por la enorme Marilyn Monroe, y cuyo título original es *Some Like it Hot*. Y sí, los traductores a veces parece que se han fumado algo.

experiencia en la peli de nuestra vida para que podamos reconocernos, para que la usemos y juguemos con ella y desde ella. No para que tratemos de cambiarla, sino para que podamos darnos cuenta de que la experiencia tan solo es un efecto y de que su causa está en la mente, y que es ahí donde podemos facilitar la corrección de la percepción.

Cuando te opones a algo en la pantalla del mundo, en realidad lo que haces es oponerte a ti mismo, pues son tus propios pensamientos los que crean la peli que ves proyectada en ella. Cuando discutes con alguno de los personajes de reparto de la peli, en verdad estás discutiéndote con alguna parte de ti mismo, pues estás proyectándote a ti mismo y percibiéndote a través de ellos. Sé que esto, en este momento y así como con faldas y a lo loco, puede estar resultándote un poco confuso y radical. ¡Y eso es perfecto! Esa es la intención. Tranqui, que aún te quedan unos cuantos capítulos por leer, y trataré de ir extendiendo estas ideas (que ojo, tan solo son ideas) conforme vaya avanzando en esta, mi escritura, que es lo mismo que esta, tu lectura.

De momento, quédate con que no hay nada ni nadie ahí afuera que esté tratando de joderte la vida. Solo tú. Pues tú eres todo lo que existe. De hecho, si puedes quedarte también con que, en realidad, ni siquiera hay un ahí fuera, ya sería la hostia. Y podrías cerrar este libro sin necesidad de seguir leyendo más.

Pero como intuyo que, de momento, no está siendo del todo así… Sigamos observando toda esta movida, para tratar de verla desde otra perspectiva y darnos cuenta de que puede haber otra manera de experimentarla.

EL ELEFANTE, LA CACHARRERÍA Y LA TORTILLA DE PATATAS

Si tuviera que decir un deporte en el que los seres humanos ganaríamos de calle la medalla de oro, ese podría ser el de juzgar. Lo hacemos continuamente, sin darnos ni cuenta. ¡Y qué bien que se nos da, oiga! De hecho, no sé qué hago dedicándome a escribir esto en vez de postularme como juez. Con la afición que le tengo a esto de los juicios...

No hay nada bueno ni malo en el hecho de juzgar. De hecho, juzgar tan solo es un concepto que parece suceder en la peli de tu vida, pero los juicios, en realidad, no son nada. Nada más que pensamientos, ideas a través de las que tratamos de darnos nuestras propias explicaciones mientras estamos inmersos en la peli de nuestra vida.

Los seres humanos no tenemos ni idea de nada. No sabemos qué es esto de experimentarnos como seres humanos, desconocemos el significado de lo que percibimos como el ahí fuera, no sabemos qué hacemos aquí, para qué estamos aquí, quiénes somos en realidad o de dónde venimos. Y como no saber nos genera mucha incomodidad, nos inventamos distintas formas de darnos explicaciones. Y para eso, los juicios parecen venirnos de puta madre.

En esta experiencia, desde pequeñitos nos acostumbramos a emitir juicios. Parecen ser necesarios para desenvolvernos en la peli, y es que sin ellos nos encontraríamos como un elefante en una cacharrería. Nos costaría mucho encajar en la trama. Nuestro personaje parece necesitar de los juicios para poder adaptarse al medio en que se desenvuelve. Como si los juicios fueran totalmente necesarios para la supervivencia.

El tema es que, sin darnos cuenta, nos identificamos con los veredictos que establecemos tras juzgarlo absolutamente todo. Sobre todo, a nosotros mismos. Y ahí está el tema todo el tiempo. En la identificación. Determinamos qué nos parece aceptable y qué no en función de nuestros juicios y desde ahí creemos que facilitamos nuestro entendimiento de la experiencia. Y eso, lejos de abrirnos a la experiencia, en realidad la va encapsulando.

No tengo muy claro que debamos entender la experiencia. Más bien creo que se trata de abrirnos a experimentarla. Y para eso no sé si necesitamos de juicios. Lo que en algún momento parecía necesario para sobrevivir en la pantalla del mundo, acaba condicionando nuestra experiencia en ella. Y eso también forma parte de nuestra experiencia, claro. Es como un camino de ida y vuelta.

No nos percatamos de que, mediante nuestro sistema de juicios, lo que hacemos es cerrarnos a determinados aspectos de nosotros mismos y de nuestra experiencia que, en sí, son totales. Todo forma parte de nosotros y de nuestra experiencia, aunque nos encabezonemos en tratar de que sea de otra forma. Es decir, generamos toneladas de rechazo a través de nuestros juicios que, lejos de ayudarnos a integrar, nos fragmentan la experiencia.

Cuando juzgamos, nos estamos cerrando la puerta a conocer.

Cuando juzgamos, nos estamos cerrando la puerta a conocer. A conocernos como actores principales de nuestra peli y a conocer la experiencia que parecemos tener en ella, claro. A experimentarla tal como es por el puro placer de conocerla y reconocernos a través de ella. Reconocernos en cuanto a volver a conocernos, más allá de todos los conceptos que usamos para tratar de definirnos y de definirla. Pero, claro, ¿cómo vamos a poder reconocernos a través de la experiencia, si lo único que hacemos es juzgarla y juzgarnos a nosotros mismos en un intento de evitar el sufrimiento? De nuevo, tratamos de evitar el sufrimiento intentando delimitar qué es válido en nuestra experiencia y qué no, y hasta qué es válido de nosotros mismos y qué no. Y no nos damos cuenta de que es precisamente esa delimitación, esa fragmentación, la que nos genera el sufrimiento, pues alimenta la separación en nosotros y, por tanto, con todo lo que somos.

Los seres humanos somos especialistas en generarnos sufrimiento haciendo todo aquello que pensamos que nos evitará el sufrimiento. Nos hacemos unos vuelta y vuelta que ni la mejor tortilla de patatas.

Caso cerrado y ciento volando

Piensa en un juicio cualquiera. Por ejemplo, uno de esos que se pueden ver en la tele. Vamos a tratar de hacerlo un poco divertido. Piensa en uno de esos juicios ficticios, como los de ese programa de televisión llamado *Caso cerrado.*[30] En él, hay principalmente tres actores principales implicados. El que acusa, el acusado y el juez, que en el caso del programa de televisión al que me refiero es una jueza y es quien determina si el acusado es culpable o no. Si no conoces el programa, te recomiendo que veas un episodio en YouTube y te eches unas risas. Es fantasía pura. El que acusa siempre presenta sus alegatos en contra del acusado, el acusado trata de defenderse argumentando su historia y la jueza es quien, finalmente y tras escuchar a ambas partes y hacerse su buena castaña mental, dicta sentencia. En realidad, las tres partes implicadas en cada caso del programa saben que es una pantomima, una ficción televisiva. Pero mientras están participando en ella, parecen creérsela completamente. Están metidísimos en su papel, y a veces hasta hacen ver que se pegan violentamente, se tiran vasos de agua por encima, lloran desconsolados y se gritan como si les fuera la vida en ello. Y mientras tanto, tú estás en el sofá de tu casa tan tranquilo viendo la pantomima, pero en un punto estás tan metido en el programa que estás viviéndolo *a full.*

Pongámonos que la acusación, a la que vamos a llamar se-

30. Programa de ficción del canal Telemundo, comandado por Ana María Polo, en el que dos o más personas simulan tener un conflicto que no pueden resolver y acuden al programa para que la Anamari les dé su veredicto. Me he pasado muchos días de resacón *living* viendo esos vídeos, lo reconozco.

ñora Bienqueda, está argumentando que el acusado, al que vamos a llamar mister Descareitor, le ha metido en una situación muy indeseable, que le ha supuesto una gran vergüenza totalmente inadmisible para ella. Argumenta con pelos y señales distintas situaciones en que eso ha ocurrido y pide que se condene al acusado. Lo que quiere es que se borre del mapa a mister Descareitor mandándole a la cárcel de la sombra (entendida al más puro estilo junguiano),[31] donde ella no pueda verle más. Mister Descareitor, al tomar la palabra, explica que no hay ninguna situación indeseable y que simplemente quería expresarse, ser visto y tenido en cuenta, sin intención de causar ningún perjuicio a nadie, alegando que tiene derecho a existir y a expresarse. La jueza, tras deliberar, toma una determinación. Puede dictaminar que mister Descareitor tiene derecho a existir y a expresarse, y por tanto no hay culpable que valga. Pero también puede dictaminar que quien tiene razón es la señora Bienqueda y que mister Descareitor es culpable y debe quedarse encerrado en la cárcel una temporadita larga. No desaparecer, claro. Y acabará saliendo en algún momento. Pero, de momento, se va a la sombra de las catacumbas.

Ahora, imagínate que tú eres todos los participantes en esta escena. Eres la señora Bienqueda, el acusado mister Descareitor, la jueza y también quien está mirando el programa desde el sofá, aunque te has olvidado completamente de este último pequeño detalle y te has metido tanto en la ficción del programa que te la estás creyendo y estás tomando una posi-

31. En referencia a Carl Gustav Jung, psiquiatra, psicólogo y ensayista suizo. Su imagen aparece en la portada del disco *Sgt. Pepper's Lonely Hearts Club Band*, de The Beatles. En la fila superior, el séptimo empezando por la izquierda. ¡Maravilla!

ción determinada en cuanto al asunto. En realidad, todas las partes implicadas eres tú mismo, pero como te has puesto, por un instante y sin darte cuenta, en la posición de la jueza y has establecido el veredicto de que mister Descareitor es culpable, te has olvidado de que mister Descareitor también eres tú y pasas a identificarte con la señora Bienqueda, quien has determinado que es la justa vencedora de la contienda.

Si lo observas, esto no es más que una metáfora de lo que parece suceder todo el tiempo en tu mente humana. Te conviertes en tu propio juez, determinando que hay partes de ti que son dignas de ser consideradas como las buenas, con las que te identificas, y que hay partes de ti que consideras como las malas y a las que no quieres dar espacio en ti. Aunque todas y cada una de esas cosas son tú mismo y forman parte de tu experiencia total.

Además, para más inri, te has olvidado completamente de que también eres tú quien está en el sofá viendo el programa de ficción. Y lo más importante, te has olvidado de que es un programa de ficción. Caso cerrado y ciento volando.

- ¿Puedes ver con cuántos aspectos de tu personaje te identificas en función de tus juicios?
- ¿Puedes ver, también, cómo esa identificación implica rechazar otros aspectos que forman parte de tu misma experiencia?
- ¿Y puedes ser consciente de que, rechazándolos debido a tus propios juicios, lo que haces es condenar e intentar invalidar partes de ti que necesitan ser expresadas en tu experiencia y que, de hecho, acaban expresándose de alguna u otra forma?

Además, date cuenta de que en todo juicio debe existir un culpable. En relación con esto, imagínate la gran cantidad de culpa que llevas en la mochila, resultado de las toneladas de juicios que te haces. ¡Y parece que ni te enteras! Claro, rechazas determinados aspectos de ti mismo que, tras juzgarlos, dictaminas que no son dignos de ti ni de tu experiencia (aunque también son tú) y los chutas directamente a los confines de la sombra, volviendo a echar mano del término acuñado por mister Jung. Y hale, ahí los dejas, como si no existieran. Eso, querido amigo, te hace sentirte bastante culpable inconscientemente. Culpable porque fomentas la separación en ti, fragmentándote en aspectos que consideras opuestos para escoger uno de ellos, identificarte con él y tratar de desechar el otro.

¿Cómo no ibas a sentirte culpable por entrar en oposición contigo mismo? Y lo que haces con esa culpa inconsciente que cargas en la mochila es bien curioso. Veré si puedo explicártelo en el próximo apartado.

Por el momento, quédate con que creas una imagen de ti mismo basándote en los juicios que te haces, identificándote con determinados conceptos a través de los cuales te explicas quién eres. Como si lo que eres necesitara que tú lo definieras. Y, desde ahí, lo miras todo a través del filtro conceptual de tus juicios e interpretas todo lo que sucede en la pantalla del mundo partiendo de esos juicios que te haces a ti mismo. No obstante, como tus juicios son tuyos..., ¿qué es lo que ves todo el rato? A ti mismo.

Y es que el juicio siempre es hacia ti mismo. No hay nadie más ahí fuera, ¿recuerdas?

El juicio siempre es hacia ti mismo.

El resultado de los juicios que te haces, como estamos viendo y entre otras cosas, son montones y montones de culpa. Y como también, sin darte cuenta, juzgas la culpa y determinas que no quieres sentirla…, ¿qué haces con ella? Pues como no podía ser de otra manera, y rizando el rizo, la proyectas en la pantalla del mundo y la percibes en lo que entiendes como el ahí fuera como algo externo a ti. Ya volvemos a tener el *tinglao* montado. Y es que el propósito de la proyección no es otro que liberarte de la culpa.

Todo aquello a lo que culpas de algo ahí fuera es una proyección de algún aspecto tuyo que, tras juzgarlo, has determinado que era culpable y que debía ir a la sombra de la cárcel de tu subconsciente. Y la única manera de hacerte consciente de ello es verlo a través de eso que entiendes como el ahí fuera. Voy a ver si puedo poner algunos ejemplos para explicar esto, aunque, en realidad, lo que hacemos es tan simple como el mecanismo de un chupete.

Imagínate que, una tarde cualquiera, vas a tomar un café con tu amiga Mariflís. Os sentáis en una terraza al solecito. Y ahí, tan a gustito, ella empieza a hablar de un problema que parece tener. Habla y habla y habla. No calla su boca. Está todo el rato bla, bla, bla, dándole vueltas a su historieta sin preguntarte siquiera cómo estás tú. Obviamente, empiezas a aburrirte como una ostra de la Bretaña francesa, y en un momento, aparece en ti un pensamiento que dice algo así como: «Ya le vale, qué egoísta es que solo habla de sí misma, qué pesada que es». ¡Zas! «Hola, soy tu juicio».

Lo que estás pensando acerca de Mariflís no tiene nada

que ver con Mariflís. Obsérvalo. Lo que estás viendo en ella, lejos de ser un juicio que le haces a ella, es la manifestación de un juicio que te haces a ti mismo. Posiblemente, muchas veces no te permitas contar cosas que te gustaría contar porque no quieres parecer un pesado. O al revés, quizá en ocasiones tú también haces eso de ponerte a hablar de tu libro sin preguntar siquiera cómo está tu amiga Mariflís. Te sientes culpable, en cierta manera, porque no te permites hacer algo o porque lo haces en exceso (las polaridades, ¿recuerdas?), juzgas inconscientemente eso en ti y lo proyectas en la pantalla del mundo. Ese mecanismo, en este caso, se te refleja a través de tu amiga Mariflís. Pero como lo que percibes a través de tus sentidos es que aquí la pesada es ella, en vez de utilizar eso para ser consciente de tus propios juicios, lo que haces es culparla a ella, por pesada y por egoísta. Aquí la pregunta sería: ¿en qué aspectos de tu experiencia no te estás permitiendo pensar en ti y ser egoísta? O ¿en qué aspectos de tu experiencia eres tan pesado que hasta te cansas de ti mismo?

Vamos con otro ejemplo porque, aunque el mecanismo sea simple, como no estás acostumbrado a verlo desde este lugar, igual a la primera no resulta tan fácil. Y ahora usaré uno personal. Hace un par de fines de semana, fui a un taller con un autor norteamericano que ha escrito algunas novelas relacionadas con *Un Curso de Milagros.*[32] No suele venir mucho por Barcelona, así que mi amiga Carol y yo decidi-

32. *Un Curso de Milagros* es un plan de estudios espiritual para aquellos que desean ver la vida de otra manera. Fue publicado en el año 1976 por la Foundation for Inner Peace. Y está escrito en pentámetro yámbico, un tipo de verso shakesperiano que no veas tú para entenderlo a veces... ¡Qué lío!

mos ir a verle. Nos hacía ilusión, ya que ambos somos estudiantes del *Curso* y sus novelas nos encantan. El taller era en un hotel, en la sala de reuniones, como en lo que sería el sótano. Éramos alrededor de ciento cincuenta asistentes de toda Europa.

Primer día de taller. En la sesión de la mañana, el ponente nos explicó algunas cosas sobre el curso de forma amena y divertida. Me resultó bastante interesante. Hicimos la pausa del mediodía y fuimos a comer a un japonés que Rebeca, la hermana de mi amiga Carol, conocía. Y que, por cierto, estaba riquísimo. Cuando volvimos por la tarde, a eso de las cuatro, tardaron mucho en abrir las puertas de la sala del hotel. Cuando las abrieron, todos entramos y nos sentamos en nuestro sitio. El ponente llegó como veinte minutos tarde. Y vino más pedo que Alfredo. Balbuceaba. Prácticamente no se le entendía al hablar. Ni el intérprete, que es un conocido editor español, le entendía en algunos momentos.

Algo empezó a moverse en mí. Me sentía incómodo. No entendía cómo alguien que estaba impartiendo un taller, para gente que había pagado un buen dinerito para escucharle, podía ser tan desconsiderado de venir con semejante tortillón. Tenía ganas de decir algo, pero observé mi juicio sobre él y tuve claro que ese juicio no tenía nada que ver con él, por tanto, me callé y sostuve mi incomodidad. Cuando me fui a casa, presté atención a la etiqueta que, tras mi juicio, le estaba poniendo al ponente: desconsiderado. Y entonces observé cómo esa etiqueta se expresaba en mi experiencia en la peli de mi vida. ¡Y no veas si encontré sustancia! Pude ser consciente de cuántas veces yo también soy desconsiderado, conmigo mismo, en primer lugar, y con el resto de los personajes que aparecen en la peli de mi vida, para continuar. Pude verme no escuchándome infinidad de ocasiones, colándome en la cola del supermercado, haciendo *simpas*[33] en distintas terrazas de la geografía española, engañando a mis clientes cuando trabajaba en publicidad, y así un largo etcétera. Y vi que lo único que estaba incomodándome en el taller era mi propio concepto relacionado con la desconsideración, que estaba siéndome mostrado a través del ponente del taller. Es decir, pude ser consciente de mi propia desconsideración gracias al pedo del ponente. Y eso resultó ser maravilloso y muy revelador, ya que me di cuenta de que, si algo necesitaba sanar a través del concepto desconsideración, soy yo. Para variar.

Si el concepto desconsiderado no se expresara en mi experiencia de ninguna manera, ni por exceso ni por defecto, seguramente no me hubiera removido, durante el taller, que el ponente viniera con semejante pedal. O me hubiera removido por otra cosa. Sin estar removido, no habría emergido la incomodidad y, por tanto, desde un lugar de amor, podría haber expresado cualquier cosa que me hubiera apetecido en aquel preciso instante sin ningún problema. Pero como el concepto desconsiderado se expresa en la peli de mi vida por exceso, eso me impidió poder levantarme y, con todo el amor del mundo, haber expresado lo que hubiera querido en referencia al tema.

La desconsideración es, entonces, un aspecto por integrar en mi experiencia en esta, la peli de mi vida. Desde entonces, puedo verme cuando voy a ser desconsiderado en alguna si-

33. Cuando te largas de un sitio sin pagar. Hace poco hice uno con un amigo, pero sin darnos cuenta. Palabrita de Niño Jesús.

tuación, y se me abre la posibilidad de decidir de nuevo sin que la desconsideración inconsciente se me lleve por delante. Y eso es una *fuckin'* maravilla.

¿Ves un poco al lugar al que intento apuntar? Porque si puedes verlo, aunque solo sea un poco, eso puede suponer que este sea el primer día del resto de la peli de tu vida. Que no es poco.

Allegro ma non troppo

Como decía al principio del capítulo, los juicios, *per se*, no son ni buenos ni malos. Además, no son nada, pues no son más que conceptos en tu mente humana. Forman parte de la experiencia que crees estar teniendo y están en el guion de tu propia peli, en la que todo es tal como debe ser. Es decir, vienen incluidos en el pack de la experiencia que elegiste y solo por eso merecen ser integrados en ella. El asunto aquí no es hacerte o no hacerte juicios, ni siquiera proyectarlos y emitirlos hacia eso que entiendes como el ahí fuera. El tema está en que puedas ser consciente de ellos, porque siendo consciente de ellos puedes empezar a usarlos.

Así que, por favor, intenta tratar de no juzgarte por juzgarte. Aunque si lo haces, tampoco pasa nada. De hecho, nunca pasa nada. Por nada y con nada.

Desde el momento en que eres consciente de tus propios juicios y de que todo lo que juzgas en eso que entiendes como el ahí fuera no es más que una proyección de lo que juzgas dentro de ti, se abre un maravilloso campo de posibilidades para reconocerte en tu personaje. Además, puede que empieces a dejar de sentirte tan culpable. Y eso es la hostia. Empezar a deshacer la culpa implica, sí o sí, empezar a sufrir menos.

Todo lo que juzgas en eso que entiendes como el ahí fuera no es más que una proyección de lo que juzgas dentro de ti.

Como te comentaba, los juicios no son el tema aquí. El tema es que te identificas con ellos, los validas, te los crees, y entonces empiezas a mirarlo todo a través del filtro conceptual de tus propios juicios dotando a todas tus sentencias con la cualidad de verdad absoluta. Y nada más lejos de la verdad, valgan las redundancias.

Date cuenta de que aquello que aceptas en tu mente se hace real para ti, aunque no lo sea.

Tus juicios están hablando de ti y solo de ti. Como no puede ser de otra manera. Y son maravillosos, pues te permiten ver cuántos aspectos de ti mismo y de tu experiencia estás rechazando y proyectando en la pantalla del mundo. Desde ahí, y solo si tú quieres, puedes empezar a integrar todos esos aspectos que estás rechazando sin darte cuenta.

Integrar es unir. Rechazar es fragmentar y separar. Y ahí está la clave.

Entonces, quizá puedas empezar a darte permiso, usando los ejemplos que te he compartido unas líneas más arriba, a contar lo que quieras sin pensar que eres un pesado o a callarte cuando consideres que estás mejor calladito. Y también podrás permitirte decirle a Mariflís, desde el amor, que te está aburriendo dándole tantas vueltas a su teorema de Pitágoras.[34]

Además, cuando dejas de juzgarte a ti mismo, dejas de percibir que alguien ahí fuera vaya a juzgarte o te está juzgando. Es así de simple (que no fácil).

Puedes usar los juicios para reconocer que todo está contenido en ti igual que tú estás contenido en todo, pues eres todo. Rechazar partes de ti y de tu experiencia a través de los juicios, por extraño que pueda parecer, también está incluido en tu experiencia, pues esta lo incluye todo. Además, es una gran oportunidad que se te da para ir viendo todos esos montones de conceptos y conceptos que has fabricado acerca de ti mismo y a través de los cuales te cuentas quién eres e interpretas todo eso que parece sucederte. Cuando eres consciente de ellos, *piano piano,*[35] y empiezas a integrarlos, a permitirlos sin rechazarlos, te estás diciendo sí a ti mismo. Sí a todo lo que eres. Y entonces empiezan a dejar de hacerte falta tantos conceptos para definirte, pues decir sí a todo lo que eres es el resultado de ser consciente de que no eres nada de lo que te cuentas porque, en realidad, eres todo: lo que te cuentas y lo que no te permites contarte.

Como puedes ver a través del ejemplo personal que he compartido en el apartado anterior, puedes usar tus juicios para reconocerte, pues son una señal que apunta directamente

34. Filósofo y matemático griego que nació en el 569 a. C. y que se sacó de la manga, entre otras cosas, uno de los teoremas matemáticos más estudiados (y famosos) del mundo, aquel de la hipotenusa y los catetos.

35. *«Piano piano si va lontano»*, dicho italiano que significa, literalmente, «poco a poco se llega lejos».

a todos aquellos conceptos que conforman eso que entiendes como tu personalidad y que, sin darte cuenta, te escondes a ti mismo tras juzgarlos. En realidad, nada es importante, sigues en la peli, pero se va convirtiendo en una peli un poco menos incómoda, más ligera y, en definitiva, con más paz, pues eso es ir retirando los obstáculos que tú mismo has ido poniendo y que impiden que lo que realmente eres pueda expresarse abiertamente.

Sin tanto concepto fabricado, empiezas a permitir que lo que realmente eres se manifieste a través de ti. Con suavidad y sutileza, acompasado en *allegro ma non troppo.*[36]

36. Término musical utilizado para expresar el tempo de una determinada composición, en este caso sería un tempo animado, pero no demasiado rápido.

PEQUEÑOS DETALLES SIN IMPORTANCIA[37]

Recapitulemos un poco. Hasta ahora hemos visto aspectos relacionados con el carácter ilusorio de esto que entendemos como la realidad, a lo que yo llamo todo el rato la peli de tu vida, porque eso es lo que es y porque a mí, personalmente, me gusta imaginármelo así. Me hace sentirme un poco Jack Sparrow. Y eso me mola. También hemos visto que somos algo así como personajes proyectados en la pantalla del mundo, que son conscientes de sí mismos y que fabrican un montón de conceptos para tratar de explicarse qué son y qué hacen ahí. Luego nos adentramos en el campo de las interpretaciones para seguir con nuestra candidatura a la medalla de oro en el deporte de los juicios. Como ves (y ya te avisé), hemos empezado fuertecito.

Intuyo que a estas alturas ya te habrá quedado un poco más claro que todo lo que percibes en la pantalla del mundo no es más que a ti mismo. Son tus propios juicios, que dan lugar a tus creencias, ideas y pensamientos. Conceptos y más

37. Guiño a la peli francesa *Pequeñas mentiras sin importancia (Les petits mouchoirs)*, de Guillaume Canet, que se estrenó en el año 2010.

conceptos a través de los cuales tratas de darte una explicación a lo que eres, y en función de eso, crees que entiendes algo de todo lo que percibes en eso que entiendes como el ahí fuera. Como ya te he dicho antes, una auténtica chaladura.

Proyectas todo mentalmente y lo percibes como externo a ti a través de tus sentidos. Y ahí te pillas, porque de lo único que eres consciente es de tu percepción y, por tanto, te crees que lo que proyectas, sin darte cuenta, en la pantalla del mundo…, es real. Y como ya vimos anteriormente, tus sentidos te engañan a saco, aunque tú te empeñes en darle el cien por cien de credibilidad a lo que percibes a través de ellos. Bueno, en realidad no te engañan tus sentidos, te engaña tu cerebro que es el que recibe las señales enviadas por los sentidos y las interpreta.

Parece que has olvidado el pequeño detalle sin importancia de que todo, todo y absolutamente todo es una proyección de tu mente y está en tu mente. Tu mente es la única causa de todo lo que percibes. Y todo lo que percibes como externo a ti es el efecto. Si recordaras esto, otro gallo cantaría. Pero como no lo recuerdas, te la pasas tratando de ser feliz a base de manipular el efecto, obviando la causa. Suerte en la vida, querido amigo.

Así pues, te fragmentas a ti mismo que da gusto basándote en tus interpretaciones y tus juicios, dando determinadas partes de ti por buenas y tratando de eliminar tantas otras, aquellas que entiendes como sus opuestos. Creas separación en tu mente de forma inconsciente, y desde esa mente separada proyectas en la pantalla del mundo. ¿Qué proyectas? Pues todo, incluida esa misma separación. Y, claro, fragmentando y separando todo en tu mente, lo único que consigues es sentirte incompleto, convirtiéndote en un ser aparentemente carente. Te olvidas de tu totalidad por completo. Y como te sientes medio vacío y en estado de carencia, ¿qué es lo que haces? Pues buscar sentirte completo a través de cualquier cosa de las que percibes ahí fuera. ¿Puedes ver el círculo vicioso al que trato de apuntar todo el rato y en el que andas continuamente enfrascado?

Lo que se deriva de toda esta separación a la que te sometes es una continua sensación de no completitud. Esto es, te percibes a ti mismo como un puzle al que parece ser que siempre le falta alguna pieza. Si eres sincero contigo mismo, te darás cuenta de que te acompaña, prácticamente siempre (por no decir siempre), una sensación como de que te falta algo. En algunos momentos, parece que esa sensación se intensifica y pareces experimentarla muy heavy, y en otros es muy sutil, tanto que parece que casi ni la percibes. Pero sigue ahí.

Lejos de poner el foco en la causa de esa sensación de incompletitud, que no es otra que la mente, lo que haces es calzarte el traje de Indiana Jones y ponerte a buscar cosas en la pantalla del mundo, en lo que entiendes como el ahí fuera pensando que seguro que, si las cosas ahí fuera son de determinada manera, podrás sentirte completo y se eliminará de ti esa sensación permanente de vacío. Y siento decirte esto, pero eso no va a suceder. De hecho, puedes observar tu experiencia hasta ahora para percatarte de que esto es así. No hay nada ahí fuera que pueda hacerte sentir completo, por mucho que lo intentes. De hecho, como te digo todo el rato, no ves nada ahí fuera que no seas tú. Así que..., ¿dónde crees que debe estar la clave a tu completitud? Efectivamente. En ti.

Como te comentaba, lo que solemos hacer es tratar de

adecuar lo que percibimos en la pantalla del mundo, creyendo que si conseguimos que las cosas sean como pensamos que queremos que sean podremos dejar de sentirnos incompletos y vacíos. Y para conseguir que las cosas sean como pensamos que queremos que sean, desarrollamos una serie de mecanismos muy curiosos. Te invito a que me acompañes a observar algunos de esos mecanismos, aunque te hago un poco de spoiler y te aviso del riesgo de cierta incomodidad en el proceso, ya que seguramente, en vez de observarlos, vas a juzgarte. ¡Qué lío!

Venga, vamos por partes, como diría Jack el Destripador.

«Carta cortés, cada dos renglones, mentiras tres»[38]

Todo el mundo miente. Ya sabes, como todo lo que parece suceder en tu peli, la mentira en sí misma no es nada. Nada más que un concepto mental que existe en tu mente y desde ahí se proyecta en la pantalla del mundo para que puedas percibirlo como algo real. Sea como sea, la cuestión es que, en esto que entiendes como la realidad, la mentira juega un papel bastante importante. De hecho, es uno de los protagonistas principales. Mientes todo el tiempo. Mentimos todo el tiempo. Y eso no solo lo digo yo, sino que hay numerosos estudios científicos y libros escritos al respecto, como por ejemplo *Todo el mundo miente*,[39] de Seth Stephens, en donde este analista de datos indica, en uno de los capítulos de su libro,

38. Dicho popular español que habla por sí mismo.
39. Publicado en España por la editorial Capitán Swing.

que al único al que habitualmente le decimos la verdad es a mister Google, a través de las búsquedas que hacemos en nuestra intimidad. Los seres humanos mentimos por defecto y sin darnos ni cuenta. Comenta David del Rosario, del que te hablé en algún capítulo anteriormente, que «según diferentes estudios, en una semana cualquiera mentimos al 35 por ciento de las personas con las que entablamos una conversación y solemos cometer un acto deshonesto cada tres minutos de media».[40] Imagínate si mientes. Y encima, te mientes a ti mismo diciéndote y creyéndote que tú no mientes. Hasta ruboriza pensarlo, ¿no?

Voy a usar la experiencia de mi personaje para ejemplificar lo que trato de explicarte. Me miento a mí mismo, por ejemplo, cuando me digo que yo no doy consejos a los demás. Como tengo la creencia de que no se debe aconsejar a nadie, pues lo que puede funcionar para mí puede no funcionar para otra persona, me digo a mí mismo que no doy consejos. Y OK, cuando alguien me cuenta algo que le perturba, quizá no le digo: «Tienes que hacer esto o aquello», pero sí que expongo mis opiniones o posiciones, o trato de aportar otra manera de verlo. Y eso es un consejo disfrazado de no consejo. Si soy sincero conmigo mismo, veo que lo que hago es una forma encubierta de dar consejos. No lo hago de manera consciente, es un pensamiento automático que emerge de mi creencia acerca del concepto aconsejar y que me impide darme permiso a aconsejar cuando me apetezca hacerlo. Como juzgo el hecho de dar consejos, y determino inconscientemente que es peor que mandar a la abuela a por droga, me cuento a mí mis-

40. Extracto de *El libro que tu cerebro no quiere leer*, de David del Rosario, página 69, Ed. Urano. Y vale, ya sé que cito fatal. ¿Y?

mo la milonga de que «yo no doy consejos», cuando en realidad... ¡Claro que los doy! ¿Ves por dónde voy? ¿Puedes intentar hacer esta observación honesta contigo mismo, por el puro placer de ser más consciente de tu personaje y del papel que estás interpretando a través de él?

Si observo este mecanismo inconsciente que se expresa a través de mí sin juzgarlo, lo único que sucede es que se me escapa la risa. Y me doy cuenta de que no hay nada malo si un día me apetece dar un consejo a alguien. Total, en cualquier caso, ese consejo siempre va a estar hablando de mí, así que también voy a poder utilizarlo para reconocerme a través de él. ¡Y *voilà*! Ahí está la clave.

Nos contamos milongas continuamente sin darnos ni cuenta, diciéndonos: «Yo no soy esto» o «Es que yo soy esto otro». Nos mentimos cuando no queremos sentir determinadas cosas de las que sentimos (como, por ejemplo, tristeza, soledad, rabia, desamparo, miedo, etcétera), contándonos historietas para intentar dejar de sentirlas, tratando de «rescatarnos» contándonos cuentos. Nos mentimos cuando, a veces, nos sobrevaloramos o cuando nos infravaloramos. O cuando nos creemos que lo que sentimos está provocado por algún otro personaje de la peli de nuestra vida. Nos mentimos cuando pensamos que lo que nosotros pensamos es mejor que lo que piensan los demás. O cuando creemos que tenemos razón. Y así un largo etcétera.

Como estás viendo, casi mejor que no te creas absolutamente nada de lo que te dices. O, por lo menos, no de primeras.

Si puedes permitírtelo, no te creas nada de lo que te cuentas.

Además, ya sabes cómo va esto. Todo eres tú. Así que te estás relacionando contigo todo el tiempo, con tus pensamientos acerca de todo. Entonces, tal como te mientes a ti mismo, también parece que mientes a los demás. Y así, quizá no seas del todo sincero en tu currículum, en las cosas que publicas en tu perfil de Instagram, cuando conoces a alguien con quien quieres hacer *tralarí tralarí,*[41] mientes cuando la has liado parda y te preguntan si has sido tú, les mientes a tus padres, a tus hijos, a tus amigos, al médico, a la cajera del supermercado, a Hacienda,[42] o cuando le dices a tu amigo que te pide consejo acerca de algo que tú no das consejos… Ejem. Y así, la lista es interminable.

Te engañas, por tanto, engañas. Así, en general y en particular. Y lo más curioso de todo es que, cuando hay alguien ahí fuera que parece querer engañarte a ti, te cabreas, te ofendes, te sientes defraudado. La lías, le echas la bronca padre a quien parece que te ha mentido y hasta quizá dejas de hablarle. ¿Cuántas veces te has dicho a ti mismo que no soportas que la gente te mienta? Pues ese no soportarlo habla de ti y de tu relación con el concepto mentir. Ya sabes a qué me refiero, que llevo cuatro capítulos y medio apuntando hacia el mismo lugar.

Si no eres consciente de tu relación con la mentira, es imposible que la integres en tu experiencia. Al no integrarla, rechazándola, rechazas una parte de ti y, claro, te sientes culpable. Y como la culpa es algo que no te gusta atender, la proyectas

41. Expresión utilizada en *El milagro de P. Tinto*, película española de los hermanos Fesser estrenada en 1998, cuando algunos de los protagonistas se refieren a tener relaciones sexuales.

42. Cabroncetes.

inconsciente hacia eso que entiendes como el ahí fuera y entonces es ahí donde ves la mentira. Ahí fuera, claro. Y así, percibes que mienten los medios de comunicación, mienten los políticos, te mienten tus amigos, tu pareja, tus hijos, tus compañeros de trabajo y el dependiente de la zapatería de la esquina cuando te dice que esos zapatos de piel de serpiente te quedan genial. Pero si lo observas, el pensamiento relacionado con la mentira está en ti. Y como no lo atiendes honestamente, ni lo integras, empiezas a verlo reflejado en la pantalla del mundo, como si ese pensamiento relacionado con la mentira no fuera contigo. Siempre es el mismo mecanismo... ¿Puedes darte permiso para ver esto, por favor?

De hecho, si me vengo muy arriba, podría hasta llegar a afirmarte que el mundo que percibes es, en sí mismo, una mentira. Ilusorio. Un sueño. Totalmente *fake*. Pero ya sabes, eso tan solo son mis puntos de vista radicales (aquí iría un emoji *wink wink*).[43]

Un aullido de lobo en un frontón

Al engañarte a ti mismo, que básicamente es lo que haces todo el tiempo sin apenas ni enterarte, te manipulas. Y ahí llega otro concepto de traca: la manipulación. De nuevo, la manipulación no es nada. Nada más que un concepto en tu mente. Pero como te manipulas con bastante frecuencia, también tratas de manipular todo lo que parece sucederte. Como si pudieras manipular algo en realidad...

43. El que te guiña un ojo.

Y como todo lo que estoy escribiendo está resonando en mí más que un aullido de lobo en un frontón, voy a seguir usando mi experiencia para ejemplificar esto. Y, además, en este caso será una experiencia que está sucediéndome en este mismo instante (qué raro, ¿no?). Llevo cuatro días enfrascado con este capítulo. No acaba de salirme, me cuesta encontrar las palabras para expresarme, etcétera. Ayer decidí que iba a cambiarlo todo, me parecía que quizá mis palabras podían generarte excesiva incomodidad y pensé que no se trata de eso. Hoy, hablando con un amigo y comentándole exactamente esto, me he dado cuenta de que, en realidad, modificar todo el capítulo era una forma de intentar manipularte. Es decir, iba a esconder algo que surgió en mí en relación con nuestra experiencia, diciéndome que no quería hacerte sentir incómodo. ¡Y eso es tratar de manipularte! Ciertamente, no hay nada malo en observar estos aspectos que forman parte de nuestra experiencia. Pero como a mí me incomodan (y, de hecho, por eso me está costando tanto escribir acerca de esto) proyecto que a ti también van a molestarte y entonces pienso en cambiarlo de arriba abajo. Ser consciente de esto, de cómo surgió en mí automáticamente, y sin darme cuenta, esta pulsión de manipulación me está permitiendo no tirar el curro de cuatro días por la borda y usar todo lo que estoy experimentando, en este momento, para ejemplificar lo que intento explicarte.

Y es que con la manipulación pasa exactamente lo mismo que con la mentira y con todo el resto de las cosas que forman parte de esta experiencia que creemos estar teniendo. Fabricamos el concepto mentalmente, lo proyectamos y entonces empezamos a percibirlo ahí fuera como si no fuera con nosotros. Pero date cuenta... Manipulamos todo el tiempo. Tratamos de manipular la experiencia, haciendo las mil y una para que sea como nosotros queremos que sea (sin demasiado éxito, podría añadir). Tratamos de manipular a nuestra pareja, a nuestros hijos, a nuestro jefe, a nuestros amigos, a nuestros compañeros de curro de las formas más variopintas como, por ejemplo, a través de las quejas y las amenazas, tratando siempre de cubrir lo que creemos que son nuestras necesidades.

Obvio, como te manipulas a ti mismo, no puedes hacer otra que manipular a eso que entiendes como los demás. Aunque como ves y como me estoy hartando de repetir, en realidad a quien manipulas es a ti mismo todo el rato.

Y manipulas para que las cosas sean como tú piensas que quieres que sean, sin darte cuenta de cuán en vano es lo que haces. Y es que no tienes ese poder, querido amigo. Piensas que piensas que lo tienes, porque algunas veces parece suceder lo que tú quieres que suceda. Pero piensa en todas esas ocasiones, la mayoría de ellas me atrevería a decir, en que no sucede lo que crees que te gustaría que sucediera. O no sucede de la forma en que crees que te gustaría que sucediera, que para el caso es lo mismo. ¿Te das cuenta de lo que consigues con eso? De nuevo, generarte un montón de sufrimiento. Ya ves, los seres humanos parecemos ser expertos en causarnos sufrimiento *by the face.*[44]

De hecho, puede que, de una forma u otra, seamos adictos al sufrimiento. Y no solo al sufrimiento, sino también al drama que creemos que resulta de dicho sufrimiento. No sé ni cuántas veces mis amigas se han referido a mí como *drama queen.*[45]

44. Por la cara (o por la patilla, que es lo mismo, pero más cañí).
45. Reina del drama. #sísoy

No controles tus vestidos, no controles tus sentidos[46]

Nos contamos pelis, ergo, contamos pelis. Y nos manipulamos, ergo, manipulamos. Y ese contarnos pelis, ese manipularnos, no son más que conceptos mentales. Los percibimos ahí fuera, por eso nos parece que son cosas que hacemos en la pantalla del mundo o que nos hacen desde la pantalla del mundo. Pero, en realidad, las pelis nos las contamos a nosotros mismos y la manipulación únicamente la ejercemos en nuestra mente. Y lo mismo pasa con el siguiente concepto que vamos a ver.

Los pensamientos de engaño y de manipulación revisten otro concepto con el que, seguramente, estarás bastante familiarizado: el control. Te la pasas tratando de controlarlo todo. Pretendes controlar tu mente humana de las formas más variopintas. Por ejemplo, puede que hagas *mindfulness*[47] creyendo que te ayudará a tener bajo control tus pensamientos. Te apuntas a cursos de gestión emocional, para ver si aprendes a manejar y controlar tus emociones. Haces dietas, vas al gimnasio o sales a correr en un intento de controlar tu peso y tu cuerpo. Tratas de controlar tus impulsos, tus tentaciones, tus deseos, intentando practicar eso que llaman el autocontrol. Y así un largo etcétera. Y no hay nada bueno ni malo en ello, pero date cuenta de lo que haces con el control. Como dice David del Rosario: «desde que nacimos, hemos tratado de

46. Guiño a la canción «No controles», compuesta por Nacho Cano para el grupo español Olé Olé. La cantaron tanto Vicky Larraz como Marta Sánchez.

47. Algo así como meditación, pero a lo *cool*.

controlar las cosas que pensamos o de gestionar nuestras emociones de mil maneras. Esta actitud nos ha llevado a una rueda sin fin, a un callejón sin salida, donde los resultados nunca son exactamente los esperados».[48]

Si puedes observarlo honestamente, verás cómo, de forma automática, tratas de controlarte todo el tiempo. Y, como ya debes de saber a estas alturas (porque me he repetido más que un chorizo de Cantimpalos), tal como es dentro es fuera, pues dentro y fuera son, en realidad, una misma cosa. Así que sí, también tratas de controlar lo que parece suceder ahí fuera. Tratas de controlar determinadas variables para que las cosas sean como tú crees que quieres que sean. Quizá te encuentras preparando un viaje y tratas de diseñarlo todo con sumo detalle para que esté «bajo control». Quieres controlar a tu pareja, a tus hijos, a tus amigos, etcétera. Podría poner muchos ejemplos sobre ello, pero no sé si es muy necesario. No pretendo hacer una gran investigación acerca del control. Además, con el simple gesto de observar sinceramente tus relaciones, te darás cuenta de cuánto intentas controlar a los demás.

Siguiendo con el ejemplo personal que he usado en el apartado anterior, mi pensamiento de cambiar este capítulo del libro, que estaba cargadito de manipulación, tenía la finalidad de controlar lo que tú pudieras pensar al leerlo. Mentalmente, estaba juzgando el contenido de estas letras, anticipando que te iba a incomodar y queriendo cambiarlo no hacía más que tratar de controlar la información que ibas a recibir, debido a mi inseguridad. Y como vimos anteriormente, como me cuesta sostener mi inseguridad, la solución era cambiarlo.

48. Extracto de *El libro que tu cerebro no quiere leer*, de David del Rosario, página 191, Ed. Urano.

No obstante, como sé que todo lo que escribo es a mí a quien se lo escribo, he entendido lo que estaba haciendo y he decidido utilizarlo en vez de modificarlo. Intentando predicar con el ejemplo, que dirían algunos.

Intentas controlar el mundo y lo que, aparentemente, sucede en él pensando que haciéndolo podrás minimizar el sufrimiento, pues todavía piensas que el sufrimiento proviene de lo que parece sucederte en la pantalla del mundo. Y de nuevo, lo que ocurre es totalmente lo contrario. A través del control, generas más sufrimiento.

Con el control pasa lo mismo que con el engaño o con la manipulación. Como alguna que otra vez, tras inyectar grandes dosis de control, parece que tienes éxito, pues ahí sigues controla que controla. Pero si lo observas honestamente, podrás darte cuenta de que nunca tienes el control absoluto sobre nada de lo que parece ocurrir, pues siempre todo sucede como debe suceder. A veces eso cuadra con tu intención controladora, pero muchas otras veces, no. Es decir, lo que debe suceder, sucede y lo que no, pues no. Independientemente del control que tú trates de inyectarle. Ponerte en una posición de control implica abrirles la puerta a la decepción y a la culpa (de nuevo), porque cuando no obtienes los resultados que esperabas, te desilusionas, te rayas, te culpas. Y como consideras que tienes el control sobre lo que parece suceder, siempre piensas que podrías haber hecho algo para que eso que no pasó como tú querías, hubiera pasado como tú querías. Por tanto, es tu culpa que no haya pasado así. ¿Puedes ver esto? Y si puedes verlo, ¿te das cuenta de lo que eso significa en relación con el concepto de control? Efectivamente... No sirve para mucho más que para hacerte sentir culpable. Además, en el proceso de control (esto es, mientras intentas controlar), no te diviertes. Sé sincero. Y entonces… ¿para qué?

Permíteme decirte, para cerrar este apartado, que el control, como todo lo que estamos viendo, es tan solo una ilusión, pues nunca tienes el control de absolutamente nada. De nada.

Nunca tienes el control de absolutamente nada.

Usando los pequeños detalles sin importancia

El engaño, la manipulación y el control, como te acabo de decir, no son nada. Tan solo son ilusiones, conceptos mentales, pensamientos que, al no ser reconocidos ni atendidos por nosotros, acaban siendo proyectados en la pantalla del mundo y ahí es donde los percibimos. Son aspectos de la peli de nuestra vida que, tras juzgarlos, determinamos que no nos gustan, que son malos, pues nos generan incomodidad. Pero si podemos ser honestos, veremos que todos hacemos uso de ellos.

No pasa nada por engañar, ni por manipular, ni por tratar de controlar, porque en realidad no conseguimos nada haciéndolo. Y ahí está la mandanga. Son conceptos que forman parte de esta experiencia que creemos estar teniendo y solo por eso merecen ser incluidos en ella. Ya sabes, nuestra experiencia lo incluye todo sin juzgarlo, sin apartarlo, sin negarlo. Viendo cómo se expresan a través de nosotros, podemos utilizarlos para ser más conscientes de nosotros mismos, para reconocernos a través de ellos y del aparente uso que les damos. Al fin y al cabo, somos nosotros los que tenemos esos conceptos en nuestra mente separada y, por tanto, hablan de nosotros.

Además, cuando podemos ser plenamente conscientes de que, en realidad, el engaño, la manipulación y el control tan solo parecen existir en la peli de nuestras vidas y, por eso, son ficción, totalmente ilusorios y parte de la trama, podemos relajarnos y reírnos de ellos. A mí me pasa: cuando me pillo a mí mismo mintiendo, manipulando o tratando de controlar, me río de mí mismo. Soy consciente de que no consigo nada a través de ellos y también soy consciente de que no hay nada que pueda cambiar ni controlar a través de todo eso. Me veo, a través de ellos, y entonces ya no me identifico con ellos. Puedo integrarlos, sin oponerme a ellos ni sentirme mal por utilizarlos, porque veo que, si me enrosco en ellos, es porque de alguna manera estoy dándole realidad a mis proyecciones mentales, a la peli de mi vida, que no es más que pura ficción en HD y *dolby surround* proyectada en la pantalla del mundo. Y desde ahí, la mayoría de las veces, ya no siento necesidad de seguir engañando, de manipular o de controlar nada ni a nadie. Vale, algunas veces tardo más o menos en verlo, pero acabo viéndolo. Y riéndome de mí mismo.

Igual que cuando veo que alguien ahí fuera parece mentirme, manipularme o tratar de controlarme. No le doy importancia, y sé que el único lugar donde debo poner la atención es en mi mente, pues es la que proyecta todo. Cuando los pensamientos de mentira, manipulación y control estén reconocidos, atendidos e integrados en mi mente, dejaré de proyectarlos y de percibirlos en eso que entiendo como el ahí fuera. O pareceré verlos, pero podré no tomármelos tan en serio. Y dejaré de sentirme culpable inconscientemente por su existencia y su expresión en mí y en mi propia peli.

Cuando lo veo desde este enfoque, me relajo, me río de mí mismo y me digo desde mis adentros: «Joan, querido, ponte cómodo y disfruta del viaje».

Algo que suelo hacer cuando me veo engañando, o tratando de manipular y controlar, es preguntarme: «¿A qué tengo miedo?». Y ahí puedo ver muchas cosas, pues se me abre un gran campo a la autoobservación.

Para cerrar este capítulo, que me está resultando más raro que un perro verde, voy a usar una publicación de Eckhart Tolle[49] que he visto hace un rato en Instagram y que me viene de perlas. Dice así (traduzco del inglés): «Reconocer la propia locura es, por supuesto, el surgimiento de la cordura, el comienzo de la curación y la trascendencia».[50]

Como veremos más adelante, miedo y culpa son conceptos que guardan mucha relación con el engaño, la manipulación y el control. A ver qué tal lo voy hilando para que, cuando acabes de leer la cantidad de sandeces que estoy escribiendo, puedas tener una imagen de la totalidad del mensaje y de cómo todas las ideas que te estoy lanzando se relacionan entre sí.

There we go.[51]

49. Conocido guía espiritual y escritor alemán, autor de increíbles referencias como *El poder del ahora, El silencio habla* o *Un mundo nuevo ahora*. Además, tiene un pódcast muy guay.

50. Publicación en su perfil de Instagram @eckharttolle del día 27 de abril de 2022.

51. «Vamos allá» en inglés.

LA LEY DEL DESEO[52] Y LAS MUÑECAS BARBIE

Un día estaba en una terraza de Granada tomándome unas cañas con un amigo, tan ricamente. De repente, llegan dos chicas jóvenes con una niña de unos siete u ocho años que estaba llorando desconsolada. Me llamaron la atención, porque una de las chicas llevaba las uñas más tuneadas que el coche de mi vecino el Oski, de cuando yo vivía en el barrio de El Carmel.[53] Y obviamente, por el llanto de la niña, que por momentos parecía estar poseída al más puro estilo *La novia de Chucky.*[54] Se sientan en la mesa de al lado. Y, en una de estas, escucho a la niña que grita y le dice a su madre algo así como: «Es que yo no quería esta, quería la otra y tú no me la has comprado». Supuse que la niña se refería a la muñeca que llevaba en la mano, que era una muñeca de esas tipo Barbie, pero

52. En referencia a la peli de Pedro Almodóvar que se estrenó en el año 1987.

53. Barrio barcelonés. Ese que se medio derrumbó cuando estaban haciendo llegar el metro allí.

54. Película de terror/comedia norteamericana que vio la luz en 1998. Es la cuarta entrega de la saga *Child's Play.* Sí, las de Chucky de toda la vida, vamos.

fake, de las que se compran, habitualmente, en los bazares orientales. Imagino que la niña quería otra que, por algún motivo, su madre no le compró y le encasquetó la que llevaba. Y estaba claro que la niña no quería la que al final le tocó quedarse, porque llevaba un rebote que no veas.

¿Te suena de algo la escena? Vale, quizá te suene porque a ti también te pasó alguna vez eso cuando eras peque. O porque has vivido hace poco algo parecido con tu hijo. O con el hijo de una amiga. Da lo mismo. Pero no me refiero a eso. Ponte que tú eres la niña que está llorando porque quiere otra muñeca distinta a la que la madre le ha comprado y que la madre es la Vida. O Dios, o el Universo, como prefieras llamarle. ¿Cuántas veces le has dicho a la Vida que no quieres la situación que estás viviendo, y que preferirías aquella otra?

Obsérvalo. La percepción de separación, que tiene su origen en tu identificación *a full* con la peli en la que andas metido y con el personaje principal de esta (que eres tú, *obviously*) y que da lugar al mundo que percibes separado de ti, va acompañada siempre de una gran sensación de no completitud, algo así como si te faltara algo todo el tiempo. En el capítulo anterior te hablaba del puzle al que parece que siempre le falta alguna pieza. Y es que parece, como también vimos un poco en el capítulo anterior, que siempre te falta algo para sentirte completo. En realidad, eso es imposible. Es decir, tú eres un ser completo. Lo tienes todo en ti, pues eres todo. Pero como te has olvidado de eso y has preferido mantenerte enroscado con todos los conceptos que has fabricado, pues de ahí emerge esa sensación de no completitud.

Y lo que haces, en vez de poner el foco en ti y en todos esos conceptos que has fabricado y que te impiden ser consciente de tu totalidad, es ponerte a *busquetear* en la pantalla del mundo, en eso que percibes como el ahí fuera, a ver si encuentras algo que te haga sentir completo. Obviamente, no lo consigues, pues no hay nada ahí fuera que pueda hacerte sentir completo. De hecho, ni siquiera hay un ahí fuera, ya sabes. Pero como tú percibes que sí, vives enfrascado en un mundo que parece regido, entre otras, por la ley del deseo.

El deseo, como todo lo que parece emerger en tu peli, no es nada ni hace nada. Tan solo es un concepto mental. Pero es un concepto mental que, en esta experiencia, te genera bastante frustración, sufrimiento y ansiedad. Piénsalo. Nunca puedes satisfacer todos tus deseos. Y como no puedes satisfacerlos, te frustras, sufres y te cabreas con la Vida (o con Dios, o con el Universo, da lo mismo), igual que la niña estaba cabreada con su madre. ¿Te das cuenta de esto?

Si ya decía yo que te tenía que sonar la escena...

Un huevo Kinder de color amarillo

Desde el estado de separación en que te encuentras, surge un deseo muy primario: el de ser más especial que un huevo Kinder de color amarillo. De hecho, es por eso por lo que fabricas montañas y montañas de conceptos para tratar de definirte. De definirte como alguien especial y diferente a todos los demás. Por tanto, no igual. Y OK, eso puede parecer que es así en este plano de tu experiencia. Pero eso es tan solo una peli, ¿recuerdas? En realidad, no eres nada diferente al resto de los seres humanos, básicamente porque, en esencia, eres la misma cosa, la misma Consciencia, un mismo Ser que se está expresando de formas aparentemente distintas. Podríamos decir que el *especialismo* es algo que tú mismo te otorgas a ti mismo. Así, por la patilla.

Fíjate. Como ya vimos en algún capítulo anterior, utilizas un sistema de juicios para tratar de definirte, descartando partes de ti que juzgas como indeseables y polarizándote en tu identificación con lo que entiendes como su opuesto (al que yo estoy llamando su complementario), que crees que es lo deseable para ti. Basándote en lo que juzgas sobre ti, juzgas también todo lo que percibes como externo a ti. Y eso incluye a todos los demás personajes de tu peli, claro. Estableces un montón de comparaciones basándote en tus juicios, a través de las cuales consigues sentirte especial y diferente. Y ese es un deseo muy inconsciente y muy primario, pero te aleja del recuerdo de que todo lo que ves ahí fuera, incluidos los demás personajes que parecen acompañarte en tu camino, es a ti mismo. No hay nadie más que tú y, por consiguiente, todo el rato es a ti a quien ves a través de eso que entiendes como los demás. ¿Cómo ibas a ser especial y diferente a lo que tú eres? No tiene mucho sentido, ¿no? Pero como te encanta compararte con los demás, pues te crees especial y diferente.

Pero es que ahí no se acaba el asunto. Tras fabricar, inconscientemente, mazo de conceptos para tratar de definirte, creértelos e identificarte con ellos, de repente en ocasiones parece que esos conceptos con los que te defines no te molan. Y entonces empiezas a desear ser de otra manera. Por ejemplo, quizá te dices que eres una persona muy extravertida,[55] pero por momentos te gustaría ser un poco más introvertida.

55. Sí, también se puede decir así.

En realidad, tal como eres extravertido eres introvertido, pues extraversión e introversión son una misma cosa, se complementan, sin el uno no podrías tener el otro porque no sabrías ni lo que es. Pero como solo te identificas con tu parte extravertida, parece que te cuesta la vida entera permitirte tener tus momentos de introversión. Así pues, no solo fabricas una imagen de ti mismo, sino que, encima, por momentos, deseas ser algo distinto a lo que tú mismo has fabricado para determinar qué eres. ¿Te das cuenta de lo que te haces a través de ese mecanismo inconsciente? Es que estás todo el tiempo así, y eso te desgasta mucho, porque te hace estar continuamente en oposición contigo mismo pensando que, si fueras de otra manera, todo sería «mejor». Y no, querido amigo, eso no funciona así.

Nada sería mejor si fueras de otra manera a la que ya estás siendo.

Y, claro, como no me canso de repetir, tal como es dentro así es fuera, pues dentro y fuera también son una misma cosa. Por tanto, ese deseo de ser diferente a lo que ya estás siendo, pensando que, si fueras de tal o cual manera, serías «mejor», acaba proyectándose ahí fuera. Y entonces ¿qué es lo que sucede? Pues que empiezas a pensar que, si estuvieras en otra situación distinta a la que estás, si te estuvieran pasando cosas diferentes a las que te están pasando, si tu experiencia fuera de otra manera, si te relacionaras con otras personas o si las personas con las que te relacionas fueran distintas, también estarías mejor. Eso te hace pensar que, quizá, si tuvieras otros padres, todo sería mejor para ti. Te hace pensar que, si tuvieras otro curro, estarías mejor. Si estás soltero, puede que pienses que, si tuvieras pareja, estarías mejor. O, al revés, si tienes pareja, quizá pienses que estando soltero estarías mejor. Mejor, mejor, mejor. Como si «mejor» significara algo en realidad…

Y no, siento decírtelo, pero no estarías mejor si estuvieras en cualquier situación distinta a la que estás ahora.

No estarías mejor si estuvieras en cualquier situación distinta a la que estás ahora.

El País de Nunca Jamás y el señor Burns

Como no eres capaz de reconocerte completo, porque te has olvidado de que tú eres todo, también empiezas a desear cosas ahí fuera, pensando que si consigues esas cosas, todo será mejor. Entonces, por ejemplo, puedes querer una casa más grande. Un coche más nuevo. Un *smartphone* más molón o un viaje al País de Nunca Jamás.[56] Empiezas a desear cosas en eso que entiendes como el ahí fuera, pensando que, si tuvieras esas cosas, todo sería más guay. Pero obsérvalo. Voy a poner un ejemplo personal para que puedas ver esto, aunque seguro que, si te pones a observar tu experiencia, encontrarás infinidad de situaciones y circunstancias muy parecidas a la que voy a explicarte ahora.

Cuando empecé a trabajar en publicidad cobraba, por decir algo, 20 K anuales. Con ese sueldo pensaba: «Joder, si cobrara 30 K anuales, mi vida sería de puta madre». Al cabo de

56. Donde vivía Peter Pan. Y donde nos gustaría vivir a muchos (habló mi síndrome de Peter Pan).

unos años, llegué a cobrar 30 K. Y sí, es cierto que los primeros meses tuve cierto subidón, pero enseguida me acostumbré a cobrar eso. Y entonces, automáticamente, empecé a pensar que, si cobrara 40 K, todo sería más guay porque podría viajar más, tener un coche mejor, una casa mejor, etcétera. Nunca llegué a cobrar los 40 K trabajando en publicidad, pero si los hubiera llegado a cobrar..., ¿adivinas lo que habría pasado? Exacto. Hubiera querido 50 K. Y luego 60 K y 70 K. Y así infinitamente. En mi caso, con 30 K no fui más feliz, ni tuve más paz, ni una sensación de tener una «mejor vida» que cuando cobraba 20 K. Todo era una paja mental mía.

Date cuenta de que el deseo no satisface, más bien al contrario. No satisface ni cuando lo deseado parece suceder o conseguirse. ¿Y por qué? Porque siempre aparece, como por arte de magia, alguna otra cosa que desear. Más bien, el deseo es un truco, una ilusión, algo que utilizamos para mantenernos enganchados en la peli de nuestra vida e impedirnos ser conscientes de nuestra realidad esencial, que es total y una sola.

Como ves, todo lo relativo al deseo no son más que, para variar, conceptos mentales, pensamientos que tienes acerca de cómo debieras ser, o de cómo deberían ser las cosas, que te mantienen todo el tiempo en un estado de carencia (¿te suena?) y, además, en oposición contigo mismo y con la vida. ¿Puedes visualizar la imagen del conejo que tiene el palo en la cabeza y de la otra punta del palo cuelga una zanahoria? El conejo ve la zanahoria delante de él, pero por mucho que corra nunca va a poder atraparla. Pues eso es un poco lo que sucede cuando te haces estas cosas a ti mismo... Y aunque no te des cuenta, esto te genera sufrimiento. Sufrimiento en formato insatisfacción.

Si entramos más *deep*[57] en el asunto, podemos seguir dándonos cuenta de más cosas. Mira lo que sucede cuando pareces conseguir lo que podríamos llamar tu objeto de deseo. Ni te sientes más en paz, ni más feliz, como hemos visto con mi ejemplo personal unas líneas antes. Además, puede que no te hayas percatado de esto, pero cuando consigues algo que deseabas, su consecución trae de la mano otro concepto: el miedo a perderlo. Claro, quieres conservar eso que parece que has conseguido y automáticamente entras en posición de miedo. Nada de lo que sucede en la peli es para siempre, ni siquiera tu identificación con tu personaje, pues tan solo pareces nacer un día y morir otro. Así que, si ni tu propia experiencia es para siempre, ¿cómo lo va a ser nada de lo que parezcas conseguir mientras estás actuando en ella?

Por ejemplo, si llevas soltero más años de los que tiene Jordi Hurtado[58] y encuentras pareja, esa pareja tan deseada por ti, de golpe empiezas a tener miedo a perderla. Y eso te hace relacionarte con ella desde el miedo, y no desde el amor. Por tanto, como ves, es complicado conseguir un objeto de deseo ahí fuera, sea el que sea, y no desarrollar miedo a perderlo. Si lo observas sinceramente, te das cuenta de que, sobre todo, lo que consigues es miedo. Y… ¿es eso realmente lo que querías conseguir? ¿Puedes ver esto a través de tu experiencia para darte cuenta de que esto es así?

Otro ejemplo, con la pasta. Y no me refiero a los tortellini de ricota con setas. Cuando no tenemos pasta, pensamos que

57. Profundo.

58. Periodista y presentador de televisión español que empezó a aparecer en nuestras pantallas en 1985 con el concurso *Si lo sé no vengo* y que, hoy en día, más de tres décadas después de su primera aparición televisiva, sigue presentando programas y luce, prácticamente, el mismo aspecto físico.

el que sí la tiene debe estar felicísimo y encantado con su vida. Y muchas veces, lo que sucede, es que el que la tiene está preocupadísimo porque no quiere dejar de tenerla, porque no puede permitirse tener la situación de alguien que no tiene pasta y vive al día como puede. ¿Puedes ver esto? Tener mucha pasta no implica tener una vida más feliz, ni con más paz. En ocasiones, hasta puede implicar lo contrario: mucho más sufrimiento y preocupación para no perderla. Recuerda al señor Burns[59] de *Los Simpson*... ¿Te parecía el personaje más feliz y más en paz de la serie? ¿A que no? Pues eso. Así que sí, oficialmente ya puedes dejar de quejarte por no tener pasta cuando no la tienes, pues tu felicidad, tu paz y tu abundancia no dependen de ella. De nada.

Y es que esto no va de nada que suceda en lo que entiendes como el ahí fuera. Va de cómo tú miras lo que parece suceder ahí fuera. ¿Lo miras como si estuviera sucediendo o lo miras sabiendo que eres tú quien lo proyecta?

El deseo apunta a la completitud

No hay nada bueno ni malo en desear cualquier cosa. De hecho, ya sabes, desear tan solo es un concepto mental que no existe más allá de tu mente. El asunto aquí está en que crees que si consigues tu objeto de deseo (sea cual sea), eso va a aportarte paz, felicidad, una experiencia «mejor». Por consiguiente, el tema no es desear o no, es desde dónde estás deseando eso que deseas.

59. Señor adinerado de la serie de dibujos animados creada por Matt Groening.

Fíjate. Como he mencionado unas líneas más arriba, la mayoría de las veces el deseo lleva implícito, en sí mismo, un estado de carencia en ti. Piensas que hay algo en ti y, por tanto, en lo que percibes como externo a ti que, si fuera de otro modo, sería «mejor». Y ese es el segundo asunto, pues cuando uno busca desde la carencia, lo que suele suceder es que el objeto deseado tiende a alejarse. Y no se aleja porque la vida sea puta. Más bien, se aleja para que puedas ser consciente de que, en realidad, no lo necesitas para tener paz ni para experimentar felicidad. ¿Puedes ver esto de esta manera, por favor? Es que si puedes verlo así, empezará a cantar otro gallo para ti, te lo digo por experiencia propia. Y es que cuando tú te privas a ti mismo de la totalidad, surgen las aparentes necesidades y, con ellas, el deseo de conseguir los objetos «necesitados».

En consecuencia, no se trata de reprimir el deseo, porque también forma parte de tu experiencia y, por tanto, merece ser incluido en ella. Se trata de no hacer depender nada en ti de la consecución o no de ese deseo. Puedes desear cualquier cosa, pero desde la certeza de que realmente no la necesitas para estar mejor ni para ser feliz. Así, si la consigues será de puta madre y si no la consigues... también. Puedes preguntarte: «¿Desde dónde estoy queriendo esto que quiero?». Si es desde la carencia, desde la necesidad, desde una sensación de que sin eso no vas a poder estar tranquilo ni sentirte feliz, está OK. Te está diciendo cosas acerca de ti mismo y puedes utilizar eso que te dice para reconocer alguno de los conceptos que has fabricado en tu propia mente y que impiden que quien realmente eres, tu Ser esencial, pueda expresarse a través de ti. Ya sabes... ¡Todo es utilizable! Utiliza tu búsqueda de la felicidad para ser consciente de todo lo que fabricas y que te aleja de ella. Y el deseo es una de esas fabricaciones.

Además, date cuenta de que, en realidad, lo que estás deseando todo el tiempo es a ti mismo. Vuelvo, aunque me llames pesado, pero es que no hay nadie ni nada más ahí fuera. Lo que deseas son, todo el rato, imágenes en tu cerebro. Lo que deseas son tus conceptos mentales, proyecciones mentales. Por eso, en verdad, lo que estás deseando es a ti. Pero como no te sueles hacer ni puto caso y no te atiendes conscientemente, lo que pasa es que lo proyectas fuera y te parece que lo que deseas está en lo que entiendes como el ahí fuera. Pero no, amigo mío, nada más lejos de la realidad. Lo que deseas todo el tiempo es a ti mismo y tus deseos tan solo están hablando de ti. De nadie más. Y de nadie menos, por supuesto.

Nada de lo que deseas va a aportarte la paz y la felicidad que tú no te estás aportando. O, mejor dicho, que tú no te estás reconociendo. Y es que el deseo apunta a la completitud, lo que pasa es que estás enfocándote en encontrarla en el lugar erróneo, pues la completitud no está fuera de ti y, por tanto, no vas a conseguirla ahí.

Nada de lo que deseas va a aportarte la paz y la felicidad que tú no te estás aportando.

Cuando eres consciente de eso, puedes ir desprendiéndote de las grandes dosis de necesidad que les inyectas a tus deseos, y eso seguramente te alejará de la insatisfacción, de la frustración, del enfado, del apego y del miedo, porque ya no importarán los deseos que tengas y dará lo mismo si lo consigues o no. No significará absolutamente nada, porque serás consciente de que ahí no está lo que andas buscando.

Es más, si me vengo arribísima (que, como ya debes de haber notado, me cuesta poco), te diré que el hecho de que tú consigas algo que deseas no depende de ti. No tienes ese poder. Si has de conseguirlo, lo conseguirás. Si no has de conseguirlo, no lo conseguirás, independientemente de lo que tú hagas. Recuerda que, el deseo, tan solo es un concepto mental que parece existir en la peli de tu vida. Y las pelis, son pelis, no son la realidad. Es todo ficticio, ilusorio. Además, el guion ya está escrito y tú mismo lo escogiste. Pero eso también te lo contaré más adelante.

Así que sí, quizá está empezando a llegar el momento en que puedes empezar a decirte a ti mismo lo mismo que te comentaba, en capítulos anteriores, que me digo yo a mí mismo mismamente (y cada vez con más frecuencia): «Querido, ponte cómodo y disfruta del viaje».

UNA PULSERITA *ALL INCLUDED*

Cantando bajo la culpa, *Los culpables de Madison* o *Con la culpa en los talones*[60] podrían ser títulos totalmente válidos para esta peli. Vale, podríamos ponerle muchos títulos distintos, pero creo que estos le quedarían fetén. Y es que quizá no eres plenamente consciente de ello, pero la culpabilidad es un concepto que parece acompañarte todo el rato mientras andas identificado con el personaje principal de tu propia peli. Poco se habla de la que parecemos tener liada con la culpabilidad.

De nuevo, y para variar, la culpa no es nada en realidad, tan solo es un pensamiento que parece formar parte de la trama cinematográfica en la que andas metido. La culpabilidad tan solo es un concepto, una interpretación, una idea en tu mente humana a través de la cual te atacas a ti mismo. Y como la causa de todo lo que parecemos experimentar es la mente, ¿dónde iba a estar alojado el concepto? Además, está alojado en hotel de superlujo cinco estrellas a pensión completa y con pulserita *all included*. Al más puro estilo de cualquier viaje con pulserita a la Riviera Maya.

60. Guiño a las pelis *Cantando bajo la lluvia* (1952), *Los puentes de Madison* (1995) y *Con la muerte en los talones* (1959).

Fíjate cuán sutil es, que nombras la palabra «culpa» no sé cuántas veces al día y no te das ni cuenta. «Esto es por culpa de la lluvia», «Por tu culpa me he caído», «Nos hemos retrasado por mi culpa», «No es culpa mía que se haya roto el mando de la tele» y así un largo etcétera. De hecho, la gran mayoría de los conceptos que hemos estado observando hasta ahora en estas páginas contienen, en sí mismos, cuarto y mitad de culpabilidad. Y es que la culpa es más camaleónica que Lady Gaga y parece que se manifiesta de diferentes formas, la *jodía.* Generas culpa cuando juzgas determinadas partes de ti como indeseables, generas culpa a través del engaño, de la manipulación, del control, del deseo, de las expectativas, etcétera. Y lo más curioso es que es un concepto que parece estar tan asentado en nuestra experiencia, que hasta lo consideramos normal, sea lo que sea lo que signifique el término «normal».

La culpabilidad es un concepto que está estrechamente ligado a los juicios. Como vimos anteriormente, nos gusta más juzgar que unas vacaciones en Bali, así que estamos generando culpa inconsciente de forma continua a través de nuestros propios juicios. Date cuenta, en todo juicio suele haber algún culpable. Y, claro, el que es culpable merece ser castigado, y ahí se fabrica un montón de miedo. Miedo al castigo por ser culpable. Y es que mientras sigas creyéndote tus propios juicios, generarás culpabilidad y miedo. Mucho miedo.

Existe una culpabilidad muy primaria de la que no eres consciente. Es la culpa que deriva de tu identificación con la separación. Identificarte con tu yo separado, que es el personaje que tú mismo interpretas, es, en cierto modo, una forma de negación de la totalidad de quien realmente eres. Y esa negación y la culpa inconsciente que se desprende de ella es la madre de todas las culpas, aunque ni tan siquiera te hayas percatado de ello. Esa culpabilidad, que no suele ser atendida por ti (porque de hecho ni te enteras de que la llevas en los bolsillos), acaba siendo proyectada hacia cualquier cosa de lo que entiendes como externo a ti, y entonces es fuera de la mente donde la percibes.

Por tanto, la única culpa de la que puedes ser consciente es de la que se refleja en la pantalla del mundo y que tiene que ver con tu cuerpo, con tu forma de ser (que tú mismo fabricas) y con las cosas que haces (o no haces) o las cosas que hacen (o no hacen) los demás personajes que te acompañan en tu experiencia. Y es sobre esa culpa, que percibes ahí fuera como si no tuviera nada que ver con tu mente (ni, obviamente, contigo), sobre la que tratas de incidir. Sin mucho éxito, si te paras a pensarlo. Observa un poco tu experiencia con toda la honestidad que puedas permitirte. Al hacerlo, quizá puedas darte cuenta de que has dejado de hacer determinadas cosas que percibías que te hacían sentir culpable, o has empezado a hacer determinadas cosas porque te sentías culpable por no hacerlas, y no ha servido de mucho. Siempre han aparecido nuevas cosas que has hecho o que no has hecho y que te han hecho sentir culpable igualmente. Como te comentaba en el primer capítulo, eso no es más que tratar de solucionar algo en la pantalla del mundo, con muy poca o nula efectividad, claro.

La culpabilidad no tiene nada que ver con las cosas que haces, aunque a ti te parezca todo lo contrario.

El mecanismo que utilizamos es muy simple. Y es el mismo de siempre: proyección inconsciente, percepción e interpretación en virtud de esa percepción. Y ahí andamos enganchados. Así que vamos a tratar de observar qué es lo que pasa con la proyección de ese concepto tan desconocido y conocido a la vez que es la culpabilidad.

«AY, CUERPO MÍO, QUE NO TE HALLO SI NO ESTÁS *TENDÍO*»[61]

Esto que percibes como tu cuerpo, que en realidad no es nada más que un concepto en tu mente (por radical que te pueda parecer esta afirmación, para variar), es uno de los blancos de la culpabilidad. De hecho, y por mucho que te cueste creerlo, el cuerpo es resultado de la creencia de tu mente en la separación.

El propio cuerpo es una de las cosas sobre las que tu mente proyecta su culpabilidad inconsciente proveniente de tu creencia en la separación. De hecho, el cuerpo es lo que usas como la «prueba» principal de que eres un yo separado de todo lo que es, pues parece ejercer una función de barrera que delimita lo que entiendes como «yo» y lo que entiendes como «todo lo demás ahí fuera», donde están incluidos el resto de los cuerpos y todas las demás cosas que conforman el escenario de tu propia peli. De hecho, Platón ya trataba al cuerpo como algo parecido a una cárcel o una prisión de la que, lo que él llamaba alma, debía liberarse.

61. Homenaje a mi bisabuela, la Mamaíca, que decía mucho este refrán.

En sí mismo el cuerpo es neutro, pues, como te comento, no es nada, y necesita de la mente para que le diga qué es y qué hacer. El cuerpo ni es nada, ni hace nada por sí mismo. Pero, aun así, le responsabilizamos de gran parte de nuestra culpa inconsciente. Como puedes ver, de nuevo responsabilizamos al efecto y tratamos de incidir en él, mientras que obviamos la causa de eso que percibimos a través del cuerpo, que no es otra cosa que la mente.

Es muy curioso lo que hacemos con el cuerpo, porque para no ser nada, no veas la brasa que le damos. Nuestra forma de relacionarnos con él viaja de la adoración a la repulsión a la velocidad de la luz.[62] Obsérvalo. En ocasiones, cuando a través de él consigues lo que has proyectado mentalmente, lo adoras. También lo adoras cuando percibes que te suministra algún tipo de placer (léase, por ejemplo, un orgasmo), o cuando parece reaccionar como tú piensas que quieres que reaccione. Quizá adoras ciertas características de tu cuerpo, pues están alineadas con lo que mentalmente crees que es deseable o aceptable para ti. Eso parece ser así en determinadas situaciones.

Pero en muchas otras, te genera mucha repulsión. Demasiado gordo. Demasiado flaco. Demasiado pelo. Demasiado poco pelo. Demasiado bajo o demasiado alto. Demasiado blanco. O demasiado moreno. Demasiado envejecido. Demasiado feo. O demasiado bello. Y así un largo etcétera. Como el cuerpo no siempre responde a lo que mentalmente proyectas que debiera ser o que desearías que fuera, le culpas sin darte cuenta. Y a partir de ahí, intentas cambiarlo, como si él

62. Esto es, 300.000 kilómetros por segundo.

fuera el culpable de algo de lo que crees que te pasa. Y entonces empiezas dietas y te matas en el gimnasio, aun cuando representa un suplicio para ti ir a machacarte en las máquinas de fitness o yendo a clases de zumba. O al revés, te quejas porque no coge volumen y no tienes ese culazo, esos pectorales o esas tetas que te gustaría tener. Y entonces, quizá te planteas hacerle una visita a un buen cirujano plástico para que tu cuerpo encaje en la imagen mental que tienes de él. Para eso, quizá también vayas a Turquía a ponerte pelo o visites mensualmente el establecimiento de Adiós Pelo que tienes debajo de casa para que hagan desaparecer ese vello púbico insoportable que te trae por la calle de la amargura. Quizá utilices tacones o plataformas para parecer más alto, o tomes un montón de sesiones de rayos UVA para deshacerte de ese blanco nuclear del que tanto te avergüenzas. Quizá lo engalanes con vestimentas que escondan aquellas de sus partes que no acaban de cuadrarte del todo, o quizá te cueste mostrarlo sin vestimentas porque te avergüenzas de él.

¿Puedes permitirte ver cuánta culpabilidad proyectas en tu cuerpo y cuánto le responsabilizas de algo acerca de lo que él no tiene ni pajolera idea?

Sin darte ni cuenta, confieres un montón de culpabilidad a tu cuerpo, cuando el pobre, en realidad, no es culpable de nada en absoluto. De hecho, viniéndome arriba de nuevo, ni siquiera existe.

La verdad, no sé si tiene mucho sentido lo que hacemos a nuestros cuerpos. Sobre todo, cuando podemos tener una conciencia de que el cuerpo es algo totalmente neutro que, en el mejor de los casos, podemos utilizar como un medio de comunicación, pero poco más.

También es muy curioso lo que nos hacemos con eso que entendemos como nuestra forma de ser. Como vimos en algún capítulo anterior, mentalmente juzgamos qué es deseable y qué no acerca de lo que entendemos como nuestra personalidad, para acabar identificándonos con determinados conceptos que determinamos aceptables para nosotros, tratando de negar la mayor a lo que entendemos como sus opuestos, en un intento de tratar de darnos explicaciones acerca de lo que somos. Como no aceptamos nuestra totalidad, como no nos acordamos de que somos todo y de que todo está contenido en nosotros, ahí ya estamos generando culpabilidad, porque cuando parecemos estar en situaciones en que lo que rechazamos en nosotros necesita expresarse y se expresa, nos sentimos culpables. El otro día, hablando con una amiga mía que siempre ha defendido a ultranza las relaciones de pareja cerradas, me explicó que se había ido de viaje y que había conocido a un chico monísimo. Tras unos días tonteando, él con ella y ella con él, él le dijo que tenía pareja. En ese momento, ella se sintió muy culpable. Y era tan grande la culpa que sentía, que decidió dejar de tontear con él, reprimiendo así su instinto natural y cerrándose la puerta a la experiencia de tonteo que emergía naturalmente en ella.

Está claro que, si no fue a más, era porque no debía ir a más. Punto. Pero no es en ese sentido en el que estoy usando el ejemplo, sino que lo estoy usando para que puedas ver cómo, a través de nuestros juicios mentales acerca de lo que es y no es aceptable para nosotros, fabricamos un montón de culpabilidad por la cara.

Obsérvalo. Demasiado tímido. O demasiado *echao pa'lante*. Demasiado complicado o demasiado simplón. Demasiado miedoso o demasiado atrevido. Demasiado controlador o demasiado despreocupado. Y así un largo etcétera. Se te ha olvidado, al parecer, que, de alguna u otra forma (consciente o inconscientemente), en algún momento tú determinaste que eras demasiado tal o demasiado cual. Y en vez de abrirte a la experiencia de ser así o ser asá, naturalmente, según la experiencia traiga y se exprese a través de ti, te culpas por ser así o asá o por permitir o no permitir que la espontaneidad de la experiencia pueda expresarse como quiera. Y no sé si eso tiene mucho sentido.

Pero oye, que tú sabrás.

Buenos chutes en vena

Pero es que ahí no acaba el asunto. Lejos de quedarnos a gusto con toda la culpabilidad que nos inyectamos en vena a través del cuerpo y de nuestra forma de ser, que son efectos de nuestra mente (y no causas), también fabricamos un montón de culpa proveniente de lo que creemos hacerles a los demás. Como nos hemos olvidado de que no hay nadie ahí fuera aparte de nosotros mismos, también nos adjudicamos un montón de culpa por cosas que parecemos hacerles a los demás. Como mi amiga que se fue de viaje y tonteó con el novio de otra chica sin saberlo. Se sintió culpable porque su sistema de pensamiento chocaba frontalmente con lo que parecía estar sucediendo, pero me atrevo a decir que también por lo que pensaba que le estaba haciendo a la novia de ese chico. Todo proyección mental, claro, porque... ¿quién le dice a ella que la susodicha no está deseando deshacerse de ese chico y no sabe cómo? Proyectó lo que no le gustaría que le hicieran a ella en la pareja del chico, sin tener ni la más remota idea de la situación. Pero, oye, mi amiga bien de culpabilidad por tontear con un chico en su viaje, ¿eh?

Fíjate. Te sientes culpable por no ir a ver a tus padres más frecuentemente, por chillarles a tus hijos, por no haberte acordado del cumpleaños de tu amigo, por huir de la pesada de tu vecina del tercero, y si sigo, no paro y me dan las tantas aquí nombrando distintas situaciones en que, tras interpretarlas, te sientes culpable de algo que pareces estar haciéndoles a los demás. Como puedes ver, todo un buen show el que tenemos liado con la culpabilidad y un cuadro goyesco[63] la manera en que proyectamos esa culpa inconsciente que albergamos en nuestra mente, por el simple hecho de no recordar que nuestra naturaleza es una unidad perfecta con todo lo que es.

Cuando esa culpabilidad inconsciente no es proyectada sobre tu cuerpo, sobre tu forma de ser o sobre lo que aparentemente haces ahí fuera, se proyecta sobre los demás y sobre las circunstancias de lo que parece sucederte. En realidad, nunca nadie te hace nada, pues como te he repetido muchas veces, no hay nadie ahí fuera que pueda hacerte nada. Asimismo, el mundo que percibes como externo a ti tampoco es nada ni hace nada, por tanto, tampoco es posible que nada de lo que hay en la pantalla del mundo te haga nada. Ni siquiera tu cuerpo ni tu forma de ser hacen nada, pero como tú crees

63. En referencia a Francisco José de Goya, pintor español de finales del siglo XVIII y principios del XIX y del que dicen que fue «el primer artista moderno». Lo uso aludiendo a su etapa surrealista que, por cierto, me la trae un poquito al pairo.

que sí, vamos a ver esta última forma de proyección de la culpa inconsciente.

Y es que, si te das cuenta, en infinidad de ocasiones culpas al mundo y a los demás de todas aquellas circunstancias o aspectos de tu experiencia que, tras juzgarlos, decides que son indeseables o no aceptables para ti. Y que, por tanto, te hacen sufrir. Como si hubiera algo externo a ti que tuviera ese poder. De hecho, simplemente como si hubiera algo externo a ti.

Tu culpabilidad inconsciente se proyecta en tu pareja, si es que la tienes, porque «es que ya le vale, que se gasta mucho dinero en sus caprichos». O en tus hijos, que «como no aprueban segundo de la ESO» te tienen de los nervios. ¡Cómo se atreven! O en tus padres, que «claro, cuando eras pequeño te lo hacían todo y ahora no sabes hacer nada por ti mismo». Si eres sincero, te darás cuenta de que hay un montón de cosas de las que te pasan por las que culpas a alguien ahí fuera. Hasta culpas al Gobierno, al machismo, a las empresas, a los medios de comunicación, a los virus, a las bacterias, a la contaminación, al calentamiento global..., bla, bla, bla.

Y, claro, cuando culpas a algo o a alguien de cualquier circunstancia, ¿qué es lo que pasa? Pues que, con mayor o menor intensidad, no importa, eso parece despertar tu ira. Te pones como una fiera, despotricas y atacas. Aparecen en ti pensamientos de venganza, quieres matar, eliminar del mapa al objeto que tú crees que es el causante de tu sufrimiento. Vamos, que automáticamente al proyectar tu culpa en alguien más, piensas que ese alguien más debe ser castigado. Y entonces, tratas de evitar a esa persona o esa situación para que no se vuelva a repetir esa circunstancia que crees que es la causante de todas tus desdichas. De nuevo, tratando de hacer algo en la pantalla del mundo. Pero si te das cuenta, en un tris aparece otro objeto en eso que entiendes como el ahí fuera que te hace sentir exactamente igual de desdichado. ¿Puedes ver lo que te está diciendo eso?

No me culpes que llevo chanclas[64]

La verdad verdadera es muy simple: no puedes ser culpable. La culpabilidad tan solo es un concepto que sucede en tu mente, resultado de tu decisión inconsciente de identificarte con tu personaje y con lo que parece sucederle en la pantalla del mundo. Se te olvidó que tan solo es una peli, ficción pura y dura, una ilusión, un sueño, llámale como más te guste.

Es como si Joaquin Phoenix[65] se sintiera culpable por su magistral actuación en *Joker*[66] de 2019, por la que ganó un Oscar. Imagínate que se identificara tanto con el personaje que interpretó en la película, que se creyera que es él y se sintiera permanentemente culpable por el hecho de creerse que es Joker y que ha cometido un montón de atrocidades, olvidándose de que es Joaquin Phoenix. Te parece una auténtica chaladura, ¿cierto? Pues eso es exactamente lo que pareces hacer tú al identificarte con el personaje principal de la peli de tu vida. El hecho de identificarte con él, olvidándote de tu

64. Guiño a la banda española de agro-rock No me pises que llevo chanclas. ¡Me flipa eso del agro-rock!

65. Actor puertorriqueño ganador de un Oscar, dos Globos de Oro, un Grammy y no sé cuántos premios más hasta la fecha. Te pensabas que había nacido en Estados Unidos, ¿eh? Pues no, mi *amol.*

66. Película norteamericana de suspense psicológico que se estrenó en 2019 y que está basada en personajes de DC Comics (en Batman, básicamente).

verdadera naturaleza esencial, es una fábrica constante de toneladas de culpabilidad inconsciente.

De hecho, ni tan siquiera en la experiencia que sucede mientras estás optando al Oscar, eres culpable de nada. En cualquier caso, parece ser que puedes ser responsable de determinadas cosas. Pero eso no te convertiría en culpable de nada. Tan solo pareces ser culpable de cosas porque te hartas de juzgarte y de juzgarlo todo. En realidad, todo lo que parece sucederte en esta aventura, es exactamente tal como debe suceder. Como ya te he dicho varias veces en otros apartados (y es algo en lo que profundizaremos un poco más adelante), el guion de tu propia peli ya se escribió, está determinado, tú lo escogiste y, en él, todo sucede tal como está estipulado. De hecho, como me gusta mucho eso de venirme arriba, hasta te diría que todo lo que crees estar experimentando nunca sucedió en ningún lugar más que en la mente.

Cuando haces consciente tu culpa inconsciente, ya sea a través de observarla en ti o de ver cómo se expresa en tu experiencia, se abre todo un campo de nuevas posibilidades de comprensión para ti. Puedes darte cuenta de que, de hecho, cualquier pensamiento, sentimiento o decisión de culpa no te aporta nada y puedes aprender de ello. Permítete sentirte culpable si ya te estás sintiendo así, no te resistas a la emoción, simplemente transítala. Si la emoción te trae lágrimas, permítete llorar. Si te trae ira, grita o dale dos puñetazos a un cojín, dale espacio en ti a todo lo que se desprende de ese pensamiento de culpabilidad y te darás cuenta de que, en realidad, no es nada ni tiene ninguna capacidad más que la que tú mismo le otorgas.

Puedes ser consciente de cuánto espacio le estás dando a tus interpretaciones y observar qué te está haciendo interpretar de esa manera. Seguramente la culpa, resultante de tus juicios e interpretaciones, tenga alguna relación con eso que entiendes como el pasado, inmediato o lejano, y puedes darte cuenta de que eso no está sucediendo ahora. Míralo bien. La culpa no está conectada con el mundo ni con nada de lo que parezcas hacer en él, tan solo está en tu mente y siempre relacionada con eso que entiendes como el pasado.

¿Localizas un error de percepción en tu mente? Corrígelo, no pasa nada. Haz lo que creas que debes hacer para corregirlo, pues hagas lo que hagas será perfecto, ya que siempre será lo que debes hacer. Recuerda, siempre haces lo que debes hacer. No hay decisiones equivocadas nunca, solo se convierten en equivocadas cuando las juzgas en tu mente. Si tratas de mirarlo desde este lugar, quizá te des cuenta de que, en verdad, no hay nada que debas corregir en la pantalla del mundo ni nada por lo que debas sentirte culpable. Desde esta perspectiva de la que te hablo, la culpa carece totalmente de significado, pues en realidad tan solo tiene el significado que tú le adjudicas.

Ya sabes que, en cualquier caso, si algo necesitara corrección, es siempre en tu mente donde debe suceder dicha corrección. En ningún otro lugar.

EL AGENTE MICROSCÓPICO 007 Y LOS ROLLOS DE PAPEL DE BAÑO

Quiero invitarte a imaginar algo. Vas a tener que echarle mucha imaginación, porque realmente es una situación muy friki. Voy a acompañarte contándotela, como si de una fábula se tratara. Y te advierto desde ya de que cualquier parecido con eso que entiendes como la realidad es pura coincidencia (ejem).

Venga, imagínate que un día en las noticias escuchas que ha aparecido un agente infeccioso microscópico acelular (un virus, vamos), al que llamaremos el Agente Microscópico 007[67] y que, al parecer, se está propagando relativamente rápido y que está infectando a cierta parte de la población mundial. Sí, ya sé que parece una auténtica chaladura, por eso te he dicho que tendrías que echarle mucha imaginación.

Al escuchar dicha noticia, tu cerebro empieza a fabricar imágenes y pensamientos, juicios e hipótesis que dan lugar a diferentes posibilidades, que para nada son nada más que eso: posibilidades, propuestas que te hace tu cerebro. De repente,

67. Guiño al agente de ficción James Bond, conocido como el agente 007.

sin darte ni cuenta y como por arte de magia, empiezas a considerar esas posibilidades como algo más que meras posibilidades. Las das por válidas, te las crees, y a partir de ahí, comienzas a experimentar miedo. Sin darte cuenta, como de forma automática, atribuyes la autoría del miedo que sientes a la noticia que has escuchado en la televisión y empiezas a pensar que el causante de tu miedo es el Agente Microscópico 007.

Si te das cuenta, lo que sucede es que el miedo es una elección que tú has hecho, una simple posibilidad, una propuesta que tu cerebro te ha lanzado y que, sin saber muy bien cómo, has dado por buena. Algo en lo que has decidido creer. Pero lejos de ser consciente de eso, lo que haces es proyectar ese miedo, cuyo origen es mental, hacia eso que entiendes como el ahí fuera, en el hipotético caso que estoy utilizando, hacia nuestro Agente Microscópico 007. Sí, los seres humanos parecemos tener la extraña costumbre de hacer eso todo el rato, como ya te habrás dado cuenta. Pero a lo que íbamos. Aquí empieza a montarse al aparente *tinglao*. Crees que hay un agente secreto suelto por ahí que es el causante del miedo que sientes y le responsabilizas de tu experiencia de miedo. No es que el agente no ande ahí, que eso no es lo que nos ocupa. El tema es que, en ningún caso, es el causante de tu miedo.

Entonces, parece que empiezas a ver ahí fuera un montón de información que alimenta y refuerza tu proyección y que parece convencerte del todo acerca del origen de tu miedo. Sale Lara Roma Quintana en su programa de televisión diciendo que el Agente Microscópico 007 es muy peligroso, ves a la vecina del tercero en *panic attack*[68] subiendo en el ascen-

68. «Ataque de pánico» en inglés. También es una canción de Judas Priest.

sor con doscientos dieciséis rollos de papel higiénico y el presidente de turno de tu país sale en la tele prohibiéndote salir a la calle más allá de unas supuestas escapadas estrictamente necesarias como, por ejemplo, ir a la peluquería o a comprar tabaco. Todo eso parece convencerte de que, en efecto, hay algo ahí fuera suficientemente consistente como para ser el causante de tu miedo.

Venga, voy a seguir pidiéndote que le eches mucha imaginación. Imagínate que, a partir del momento en que ya te permiten salir a la calle, tu miedo también parece desplazarse hacia el resto de los personajes que parecen conformar la peli de tu vida. Entonces, empiezas a tener miedo de ver a tu amigo Follarín, porque claro, él no está experimentando miedo alguno, se ha saltado las restricciones y ha estado tirándose a medio barrio mientras tú estabas encerradito en tu casa debido al miedo que, sin saber cómo, un agente microscópico parece estar causándote. Entonces tu proyección de miedo parece fragmentarse, pues ahora ya tienes miedo a 007 y a tu amigo Follarín, al que decides no ver por el momento. Y vuelves a hacer lo mismo de siempre: ver la causa de tu miedo en lo que entiendes como el ahí fuera, y es ahí donde intentas poner algún tipo de solución. Eso se traduce en no salir de casa, no ver a tu amigo y alguna que otra medida más que has decidido tomar, siempre relacionada con hacer algo en la pantalla del mundo. Asunto solucionado, ¿no? Pues no. Porque como no estás observando la causa, que es tu mente, ese miedo sigue siendo proyectado. Y entonces percibes que aparece miedo en ti a estar en un espacio cerrado con otros personajes, a los abrazos, a ir a visitar a tus padres porque son mayores y no sea que les pongas en peligro y así un largo etcétera. Podría seguir, pero no voy a pedirte que hagas tanto esfuerzo imaginativo, así que voy a dejarlo aquí, que con lo que has imaginado ya debe de estar echándote humo la cabeza y, además, es más que suficiente para introducir el concepto acerca del cual quiero hablarte en las próximas líneas.

Si alguien te preguntara: «¿Qué es el miedo?», seguramente no tendrías ni idea de qué responderle.

Si alguien te preguntara: «¿Qué es el miedo?», seguramente no tendrías ni idea de qué responderle. ¿Me equivoco? Y no tendrías ni idea, sobre todo, porque el miedo no es nada. Nada más que un concepto mental, que tan solo parece existir en tu mente. Y existe porque tú crees en él y, de alguna manera, le das entidad. En la peli de tu vida, dicho concepto parece adoptar muchas formas distintas, aunque, en realidad, esas distintas formas que parece adoptar no son más que imágenes mentales que no pueden verse en ningún otro lugar aparte de ahí, en tu mente humana. Por mucho que tú te encabezones en creer que es de otra manera.

Y es que tu estado natural no es el miedo. Crees que es así debido a que decides identificarte con todos los conceptos que tú mismo fabricas y que dan como resultado la experiencia que crees estar teniendo, que acabará cuando tu cuerpo muera. Y ahí radica el miedo más primario que los seres humanos experimentamos, el miedo a la muerte. Pero, sin duda, como tú no eres tu cuerpo ni todos los conceptos a través de los cuales tratas de darte una explicación acerca de quién eres y con los que te identificas, me atrevo a afirmar que el miedo es un engaño proveniente de dicha identificación.

Ay, miedo, miedito, miedo[69]

Miedo al rechazo. Miedo a volar. Miedo a hablar en público. Miedo a la soledad. O al compromiso. Miedo a que las cosas no sean como tú crees que quieres que sean. Miedo a no gustar. A no encajar. Miedo a que te falte la pasta. Miedo a perder la pasta que tienes. Miedo a enfadarte o a que se enfaden contigo. Miedo a no dar la talla. A nadar. A la oscuridad. Miedo a conducir. Miedo a no ser un buen padre. O un buen hijo. Miedo a los cambios. Miedo a la intimidad. A no poder hacer algo. Miedo a sufrir, a la enfermedad, a la guerra. Miedo a que te roben. Miedo a ir en moto. A perder algo. Miedo a conseguir algo. Miedo a tener miedo. Miedo, a secas. Ay, miedo, miedito, miedo.

Si la observas con sinceridad, la peli de tu vida podría ser, perfectamente, una peli de miedo, pero sin necesidad alguna de teletransportarte a *Elm Street*[70] o de que la dirija Stanley Kubrick.[71] Y no me extraña que así sea. Como estás tan iden-

69. Guiño a la canción «Ay pena, penita, pena» de la gran Lola Flores, que se publicó en los años cincuenta. Y recuerda que todo se puede hacer en la vida… con método.

70. Calle de Potsdam (NYC) que da nombre a la saga de pelis *slasher* norteamericana *Pesadilla en Elm Street* iniciada en 1984 y dirigida por Wes Craven. Fue la primera aparición cinematográfica de Johnny Depp, por cierto.

71. Director de cine, guionista, productor y bla bla bla superreconocido a finales del siglo XX y principios del XXI. Dicen las malas lenguas que, durante el rodaje de *Eyes Wide Shut,* se las hizo pasar putas a Jennifer Jason Leigh, que se cayó del *cast*.

tificado con ella y con lo que parece sucederle a su personaje principal, crees que toda esta experiencia fragmentada de separación es tu única realidad y, por tanto, que el yo separado y conceptual que crees que eres es el único encargado de «mantenerte a salvo» en ella. Y, claro, ¿cómo no iba a generarte miedo eso, sabiendo que el concepto mantenerte a salvo va a ser imposible pues, como personaje en un cuerpo, vas a morir? La muerte tan solo parece existir en el sueño, en la ilusión, en tu peli. Nada más.

Como vimos en el capítulo anterior, a través de la culpabilidad inconsciente que arrastras debido a tu creencia en la separación, te insuflas un montón de miedo. Recuerda, inconscientemente crees que todo culpable debe ser castigado, y eso también genera un montón de miedo y, a lo mejor, hasta ahora ni te habías percatado de ello. Y si crees que tienes que ser castigado, entonces también es lógico para ti que sientas miedo y debas defenderte de algo. Y lejos de ser consciente de toda esa historieta que sucede en tu mente, como no atiendes ese miedo, lo proyectas en la pantalla del mundo y siempre percibes que el causante de tu miedo es algo externo a ti. Y entonces, de eso que entiendes como el ahí fuera, es de donde surgen todos los aparentes miedos que pareces tener, como los de la enumeración con la que he empezado este apartado.

Así pues, igual no ando muy desencaminado si te digo que creer que tu peli es tu única realidad es el origen de tu miedo más primario. Como te percibes separado de todo lo que es y, además, te crees lo que percibes, te parece que hay un montón de peligros ahí fuera listos para acecharte y aguarte la fiesta en cualquier momento. Y, aunque no te des cuenta, eso te pone en un permanente estado de supervivencia. Obsérvalo. Con mayor o menor intensidad, existe en ti una sensación parecida a la que debe sentir Super Mario[72] en cualquiera de sus videojuegos, pasando pantallas y pantallas, siempre acechado por obstáculos que debe sortear una y otra vez y que van a llevarle, indefectiblemente, a la muerte en algún momento. Y así, lo mires por donde lo mires, conviertes tu experiencia en una experiencia de supervivencia.

Creer que tu peli es tu única realidad es el origen de tu miedo más primario.

El miedo no es importante porque parezca existir en tu experiencia. Lo es porque crees en él. Y al creer en él, de alguna forma le estás dando entidad. Y eso parece convertirlo en algo muy relevante para ti.

Y al darle entidad, todo lo que pareces estar haciendo aquí está basado, de forma muy inconsciente, en el miedo. Si utilizas todos los conceptos que hemos estado viendo hasta ahora para ser consciente de ello, te tumbas. Creas un montón de conceptos acerca de lo que tú eres, porque te da pavor permitirte ser consciente de que no tienes ni idea de quién eres. Generas miedo basándote en tus juicios, pues a través de ellos ves todo lo que parece suceder en la pantalla del mundo como lo quieres ver y no como es. Juzgas determinados aspectos de tu experiencia como indeseables para ti, y entonces fabricas miedo mental a que esos determinados as-

72. Personaje principal del videojuego de Nintendo *Super Mario Bros*, muy popular en los años ochenta y noventa, y al que estuve enganchadísimo. Hoy en día, todavía puedo reproducir la música del videojuego sin equivocarme ni en una sola nota. Muy puto loco todo.

pectos indeseables sucedan. Engañas por miedo. Manipulas por miedo. Tratas de controlar por miedo. Deseas, generando miedo a no conseguir lo que deseas, y cuando pareces conseguir tus objetos de deseo, generas miedo a perderlos. Acumulas buenas dosis de culpabilidad inconsciente en ti, y como te comentaba antes eso merece castigo y, por tanto, fabricas miedo a dicho castigo. Y como veremos en el próximo capítulo, ¿adivinas en qué se basan la gran mayoría de las relaciones que estableces con el resto de los personajes que parecen participar contigo en tu propia peli? Intuyo que no te costará mucho adivinarlo...

El miedo (casi) nunca está sucediendo ahora.

Además, piénsalo. El miedo nunca está sucediendo ahora. Si sucediera ahora, además, tu disfraz de tigre,[73] vulgarmente conocido como tu cuerpo, parece estar diseñado para saber exactamente qué ha de hacer para asegurar tu supervivencia sin que ni siquiera tengas que pensar en ello. Pero eso no sucede muy a menudo. Lo que suele pasar es que el miedo tan solo está en tu mente, y siempre está relacionado con eso que entiendes como el pasado y, sobre todo, con eso que entiendes como el futuro. Crees que algo te genera miedo porque tienes registrada en tu mente humana alguna información que parece llevarte a creer que, si algo vuelve a suceder, será terrible. O porque fabricas imágenes mentales acerca de algo que,

73. Referencia a la canción «Disfraz de tigre», del grupo español Hidrogenesse. Un besito a Carlos y Genís, con los que hace años me comí una empanada de zamburiñas en Pontevedra que lo flipas (antes de que fuéramos a actuar a la Sala Karma, el club *indie* de la ciudad por aquellos tiempos. Creo que aún está abierto).

si sucediera, crees que sería una hecatombe. Esa es tu forma principal de fabricar miedo.

El miedo es un concepto mental en el que crees, pero que, sorprendentemente, nunca parece estar sucediendo. Y si puedes permitirte verlo así, te darás cuenta de que lo que te haces, a través del miedo, es un auténtico *canteo*.

Intenta verlo así: si tienes miedo, es porque andas confundido respecto a lo que eres y porque has elegido una de las dos únicas opciones que tienes: miedo o Amor.

MÁS ALLÁ DE TEORÍAS INTERESTELARES Y DE TRUCOS DE PRESTIDIGITACIÓN

Como te comentaba, el miedo no es nada ni hace nada por sí mismo. Tan solo es un concepto mental, una propuesta en formato pensamiento que tu cerebro fabrica, que tú das por válida y que da lugar al mundo que percibes de la forma en que lo percibes. Y lo más curioso es que, tras darlo por válido, tratas de oponerte a él. Y ahí está gran parte de la chicha del asunto. Das por buena una propuesta cerebral basada en el miedo, generas resistencias y oposición frente a dicha propuesta que previamente has dado por buena y tratas de escapar de ella, lo que es ciertamente complicado en la pantalla del mundo y que, a su vez, es resultado de tu elección en favor del miedo. Parece que te estoy haciendo el lío, pero no. ¿Puedes ver que esto es, de nuevo, el pez que se muerde la cola, pensándose que su cola es el manjar más apetecible del mundo mundial sin darse cuenta de que, cada vez que la muerde, se hace pupita y sufre?

El mundo que percibes es el resultado de tu elección a favor del miedo y te la pasas discutiendo con el miedo. Claro que sí, guapi.[74]

El miedo no es necesario para tener tu experiencia, pero ya que, de alguna forma, le das validez y, por tanto, parece formar parte de ella..., ¿qué pasaría si dejaras de escapar de él? No voy a decírtelo, pero sí voy a invitarte a la experiencia para que tú mismo puedas sacar tus propias conclusiones al respecto.

¿Tienes miedo a volar? ¡Métete en un avión! ¿Miedo al rechazo? ¡Permítete experimentar el rechazo! ¿Miedo a que las cosas no sean como tú crees que quieres que sean? ¡Ábrete a la experiencia de que las cosas sean de otra manera, quizá te sorprendes! ¿Puedes ver un poco hacia dónde trato de apuntar? Ábrete a la experiencia de miedo, transítala, y observa qué pasa. Es la única manera de que puedas darte cuenta de que es totalmente ilusoria.

El otro día, una chica que acudió a uno de mis talleres y que se llama Lali, mandó un mensaje en el chat de WhatsApp que tenemos con los asistentes a dicho taller. El mensaje dice esto: «Experiencia increíble!!! Gracias, Joan, por aquella frase que me dijiste un día: "Hazlo con miedo"». Y es que la única forma en que la ilusión de miedo se puede deshacer es transitándola directamente, sin protección alguna y abriéndote a la experiencia de miedo. Además, obsérvalo. Cuando alguna vez has fabricado miedo acerca de algo y ese algo ha parecido suceder... ¿Ha sido para tanto?

74. Guiño al anuncio de televisión de Chicfy, una *start-up* española de ropa de segunda mano, que se emitió en España en el año 2016 y que se hizo famoso por ser, según muchos, el peor anuncio del año. La verdad es que a mí me encantaba.

Podría venirme arriba con esto, ponerme muy metafísico y desarrollar una teoría interestelar con la que hasta yo mismo iba a perderme (que me pasa frecuentemente). Pero, en lugar de eso, voy a tratar de poner un ejemplo basado en la experiencia, para ver si consigo hacerte ver esto que trato de explicarte. Vamos allá. Piensa en alguien que esté presente en esto que entiendes como tu vida y que consideres que te importa. Da igual si es tu pareja, tu hijo, tus padres, tu mejor amiga o tu *crush*,[75] al que te encantaría tirarte pero que no te hace ni puto caso. Quien elijas no es relevante. ¿Lo tienes? OK, ahora observa cómo, seguramente, piensas que sientes algo parecido al amor por esa persona, ¿cierto? Vale. Ahora piensa en todos los miedos que tienes asociados a esa persona en cuestión. Miedo a que le pase algo que no quieres que le pase. Miedo a que desaparezca. Miedo a que haga algo que no quieres que haga o a que no haga lo que tú quieres que haga y como tú quieres que lo haga. Y si sigo, me saldría una buena lista.

¿Te das cuenta de esto? ¿Puedes permitirte ser sincero contigo mismo para darte cuenta del lugar desde el que te estás relacionando con los demás? Si puedes, verás como sueles usar el miedo como sustituto del Amor. Eso, obviamente, es imposible. Tan solo es un truco de prestidigitación que pareces utilizar y que no hace otra cosa que reforzar tu creencia en la separación. Todo ese miedo, que es un concepto mental no atendido por ti, acaba proyectándose a todas partes y parece expresarse de formas distintas, pero todo proviene del mismo lugar. A ver si adivinas cuál…

75. Esa persona que te puto encanta y con la que ni te salen las palabras cuando te cruzas con ella.

Entonces, recapitulando: el miedo es un concepto, la validación inconsciente de una propuesta en formato pensamiento de tu cerebro, que no sueles querer atender y que, por tanto, acaba proyectándose en la pantalla del mundo y que después percibes como algo externo a ti. Y lo que haces, lejos de abrirte a experimentarlo, es oponerte a él, tratando de evitar cualquier experiencia de miedo que creas que podrías experimentar. Si te permites ser consciente de esto, quizá puedas empezar a abrirte a la experiencia de miedo, y si lo haces te darás cuenta de que, en verdad, el miedo no es nada. Y te darás cuenta también de cómo lo estás utilizando para sustituir la realidad de lo que eres, que es puro Amor. Qué poético me ha quedado esto, ¿no? Pero es que es tal cual así.

Cuando atiendes el miedo en tu mente y eres capaz de permitirte transitarlo, de darle la bienvenida a la experiencia que trae y de darte cuenta de que, en realidad, no es nada, estás abriéndole la puerta a la expresión de eso que tratas de sustituir con el miedo, que no es otra cosa que Amor.

Atender el miedo en tu mente es una gran expresión de Amor hacia ti mismo.

MÁS ATASCADO QUE UN WC PÚBLICO

No me gusta mucho abordar los «cómo», pero entiendo que quizá es necesario bajar un poco todos estos conceptos que estoy contándote. Y voy a tratar de hacerlo a través de mi propia experiencia con la escritura de este libro, que la tengo fresquita.

Los primeros días en que me sentaba a escribir, la cosa no

fluía como yo había pensado que fluiría. No encontraba las palabras, me atascaba más que un WC público, los conceptos no fluían y empecé a agobiarme. Pasaban los días, y no conseguía escribir nada que me convenciera. Empecé a juzgarme y apareció el miedo, que se presentaba en distintos formatos: inseguridad, síndrome del impostor y algunas otras historietas mentales completamente random que mi cerebro me proponía. Un día, me senté a escribir y, en cuanto abrí el ordenador, noté cómo mi corazón se aceleraba y las manos empezaban a sudarme. Estaba agobiadísimo. Cerré el MacBook[76] y me senté en el sofá de la casa. Por aquellas yo estaba en Francia, perdido en medio de la nada en la casa que un amigo me prestó muy amablemente para que pudiera estar tranquilito para escribir. Lo que yo estaba creyendo experimentar, no obstante, distaba bastante del concepto de paz que tengo en mi mente. En aquel momento, en vez de escapar a la experiencia que estaba teniendo (saliendo a dar un paseo, poniéndome alguna sesión de Maceo Plex[77] en Spotify, fumándome un porro o llamando por teléfono a cualquier amigo para evadirme de la experiencia), solo me abrí a ella.

Como te decía, me senté en el sofá y me solté completamente a la experiencia que estaba teniendo. Nunca me había dado un ataque de ansiedad, pero creo que aquello era lo más cerca que he estado nunca de tener uno. Recuerdo que pensé: «Bueno, si me tiene que dar un *jari*[78] aquí solo y me quedo frito, ya me encontrarán». Cerré los ojos y empecé a poner la

76. Nombre *cool* que los de Apple le ponen a sus ordenadores portátiles.
77. Nombre artístico del DJ cubano-americano Eric Estornel y que es uno de mis prefes.
78. Ataque, parraque, blancazo... Cualquiera sirve para que puedas entenderlo.

atención en mi cuerpo que, si bien no es nada, como todo lo que no es nada, puede ser utilizado en la experiencia de la peli de mi vida. Y puse la atención total en las sensaciones físicas que estaba experimentando: corazón latiendo más rápido de lo habitual, sudor frío en manos, frente y axilas, piernas temblorosas, palpitación ocular. Simplemente no juzgué las sensaciones físicas, me dispuse a observarlas, a atenderlas con mucha atención. ¿Tengo sudor entre los dedos de las manos? ¿Cuántos latidos emite mi corazón en treinta segundos? ¿Qué frecuencia de respiración tengo? ¿Qué recorrido hacen las gotas de sudor de mi frente cuando caen? No trataba de cambiar nada, solamente estaba haciéndome consciente de mis sensaciones físicas. Pasaron unos veinte minutos así, que para mí habían sido como tres horas. Y poco a poco, las sensaciones físicas fueron disminuyendo, hasta que pude levantarme, andar un poco, respirar a ritmo más o menos normal y darme cuenta de que mis palpitaciones eran más espaciadas. Parecía que la situación de estrés estaba llegando a su fin.

En aquel momento, atender a mi diálogo interno en formato pensamientos de muerte y destrucción no me iba a ayudar. Así que, sin saber muy bien cómo, supe lo que tenía que hacer, que era usar mi cuerpo. Y eso hice. Cuando el pico de estrés pasó, entonces pude observar todo lo que me había estado diciendo en esos veinte minutos, todos los pensamientos propuesta que mi cerebro me había estado haciendo. Y te aseguro que fue para cagarse. Pero eso no es muy relevante en este momento. Tan solo quería compartir mi experiencia de tránsito de miedo para que puedas abrirte a la posibilidad de tener una. Si es que te apetece, claro está.

Si lo haces, quizá te des cuenta de que usas el miedo para

negarte a ti mismo, para negar lo que esencialmente eres y para negar tu perfecta sabiduría. Y ahí, entonces, quizá puedas ver también que tienes miedo a reconocer tu totalidad y tu unidad con todas las cosas, porque eso empezaría a desmontar todo el drama que has construido alrededor del personaje principal de tu propia peli, que acabaría desmoronándose. Sé que eso genera miedo (de nuevo), porque crees que, si se desmorona todo lo que pareces haber construido, te quedarás sin nada. Pero ¿qué tal si fuera exactamente al revés? ¿Qué tal si, al transitar tu experiencia de miedo, te dieras cuenta de que lo que no es nada es el miedo y de que no tiene mucho sentido seguir utilizándolo como sustituto de nada? ¿Y qué tal si, además, al atenderla, te dieras cuenta de todo lo que ya eres, de toda la sabiduría que existe en ti y que no permites que se manifieste creyéndote que debes ser tú quien ha de tenerlo todo siempre bajo control, incluida la experiencia de miedo que evitas porque la percibes fuera de tu control?

El miedo, como todo lo que parece acontecer en la peli de tu vida, puede ser utilizado. No como un sustituto, que es como lo usas de modo habitual, sino como un concepto a través del cual puedes reconocer algo increíble: que el miedo tiende al amor pues es, en sí mismo, una petición de amor. Puedes utilizarlo para reconocer el Amor que eres y que, continuamente y sin percatarte, tratas de negar. ¿Puedes dejar de escapar de él y abrirte a la experiencia de miedo, para poder ser consciente del lugar al que este apunta?

EL BIG MAC DE TU EXPERIENCIA

Si hay algún aspecto de la experiencia en donde confluyen y se expresan todos los conceptos que hemos estado viendo hasta ahora, ese son las relaciones que estableces con el resto de los personajes que parecen coprotagonizar tu peli contigo. Y es que las relaciones son a tu experiencia lo que el Big Mac[79] es al McDonald's: su producto estrella. Además, siempre están de oferta, en el sentido de que están disponibles para ti 24/7, ofreciéndose para ser usadas.

En realidad, y como ya debes de intuir a estas alturas de la película, no te relacionas con nadie más que contigo mismo. Esa es la única relación real que estableces todo el tiempo. No hay nadie distinto a ti ahí fuera, ¿recuerdas? No obstante, en tu identificación con la separación y, por tanto, con esta peli y su personaje principal (que, en este caso, eres tú), pareces relacionarte con otras personas, y por eso las relaciones son el regalo más grande que te ofrece la experiencia para que puedas reconocer, a través de ellas, todos esos conceptos que has fabricado acerca de ti mismo.

79. ¡No me creo que necesites esta referencia!

Cuando digo que no te relacionas más que contigo mismo lo digo literalmente. En serio. Ni aun cuando pareces relacionarte con otros te estás relacionando con nadie más que contigo. Todo lo que ves todo el tiempo es a ti mismo. Obsérvalo. Lo que sucede es que, lejos de relacionarte con los demás, te estás relacionando con tus pensamientos e imágenes mentales acerca de esos personajes. Y… ¿de quién son esos pensamientos? ¡Bingo! Tuyos. Por eso te digo que, aun identificado con el personaje principal de tu peli, solo te relacionas contigo mismo y lo único que ves, a través de las relaciones, es exclusivamente a ti y a tus propios pensamientos acerca del otro y de la propia relación.

Si tienes esto clarísimo, no hace falta que sigas leyendo este capítulo. Puedes saltar al siguiente directamente. Si todavía no lo acabas de ver claro, te invito a que me acompañes a observar algunos de los aspectos de esto que, en nuestra experiencia, entendemos como las relaciones. Si nos paráramos a observarlos todos al detalle, daba para una saga entera. Como la de Harry Potter.[80]

Como hemos visto en capítulos anteriores, tu decisión inconsciente de identificarte con la separación, creyéndote *a full* que la peli de tu vida es tu única realidad, percibiéndote encapsulado en un cuerpo y, por tanto, separado de todo lo que es, te aleja todo el tiempo del recuerdo de tu perfecta totalidad. Y eso te genera mogollón de culpabilidad inconsciente.

Esencialmente eres un ser completo. Todo está contenido en ti igual que tú estás contenido en todo, pues eres todo. Lo

80. Personaje principal que da nombre a la serie de novelas fantásticas escrita por la británica J.K. Rowling y de la que se han hecho un montón de pelis de las cuales no he visto ni una. Pero a mis hermanos les flipa.

que pasa es que no te acuerdas de eso, por lo que siempre te acompaña una sensación parecida a estar permanentemente incompleto. ¿Recuerdas el ejemplo que utilicé en algún capítulo anterior? Sí, ese del puzle al que parece que siempre le falta alguna pieza. Pues eso es.

Desde ahí, desde esa percepción de separación y de no compleción, como también vimos, buscamos en eso que entendemos como el ahí fuera cualquier cosa que nos complete. Cualquier cosa o persona. Y ahí es donde las relaciones parecen cobrar especial importancia en nuestra experiencia.

Date cuenta. Parece existir en ti una creencia, seguramente sin que seas consciente, a través de la cual te dices que tiene que haber alguien ahí fuera que te complete y te haga feliz. Eso es tan solo un concepto mental, pues siento decirte que nada ni, obviamente, nadie, tiene la capacidad de completarte ni, mucho menos, de hacerte de verdad feliz. De hecho, si no hay nadie distinto a ti, ¿quién aparte de ti mismo puede hacerte consciente de tu totalidad y, por tanto, de la felicidad que te viene de serie?

Observar lo que hacemos con las relaciones es casi tan curioso como lo sería ver a Torrente[81] montado de *drag queen*. Y no me refiero solamente a lo que hacemos con lo que entendemos como las relaciones de pareja. Me refiero a cualquier tipo de relación de las que establecemos en nuestras propias pelis: con nuestros padres, hijos, amigos, pareja, compañeros de trabajo..., con el frutero, con la señora que se intenta colar en la cola del súper, con tu vecina, la que monta

81. Personaje principal de la serie de películas más taquilleras de la historia del cine español, *Torrente*, interpretado por Santiago Segura. Es tan tan tan *trash* que me flipa de lo mierder que es.

fiestas cada fin de semana, etcétera. Cualquier relación puede ser la hostia si la usamos para reconocernos. Obvio que las que tenemos más cercanas son las que nos permiten ver los diamantes de la corona, pero, vamos, que utilizables lo son todas.

Cualquier relación (hasta las que te parecen de mierder) puede ser la hostia si la usamos para reconocernos.

UN *BUSINESS* CUALQUIERA

En las relaciones basadas en la separación, que es tal como las solemos entender, siempre existe un intercambio. Desde el momento en que, inconscientemente, esperas que otra persona te complete de alguna manera (porque no recuerdas tu totalidad), al establecerse la relación, se genera un intercambio. Como en un *business* cualquiera, vamos. Y, por tanto, generas también un montón de expectativas. Algo así como: «Tú me tienes que dar algo y yo, a cambio, tengo que darte algo a ti». Para poder cumplir ese intercambio, esperas que los demás sean de determinada manera y se comporten como tú piensas que deben comportarse para que el intercambio cumpla con lo esperado. Es decir, esperas que los demás cumplan tus expectativas y viceversa, crees que has de cumplir las que tú piensas que son las expectativas de los demás para que el intercambio pueda seguir produciéndose (qué gestáltico[82] me

82. Ya hice referencia a este término, en relación con la terapia Gestalt, en los primeros capítulos.

ha quedado eso). Si lo observas, eso no dista mucho de lo que sucede en cualquier relación comercial. Yo (inconscientemente) estoy buscando algo en ti y tú (también inconscientemente) quieres algo de mí, así que vamos a establecer un marco de intercambio comercial que a los dos nos parezca justo y vamos a tratar de no movernos mucho de ahí, no vaya a ser que, si alguna de las partes hace algún movimiento, la relación se tambalee. Es decir, buscas en otros lo que consideras que te falta a ti. «Amas» a otros esperando obtener algo de ellos. Cuando pareces obtenerlo, a eso le llamas amor.

Parecemos seleccionar a alguien que, debido a ese intercambio inconsciente que establecemos, se convierte en especial para nosotros y de quien también esperamos que nos haga sentir especiales. Y, ahí, ya tenemos montada una estupenda relación especial bien empaquetadita. Con su lacito rojo y su papel de regalo del bazar. De lo que no nos damos cuenta es de que el intercambio parece funcionar durante un tiempo determinado, pero la cuestión es que no suele durar mucho. Y ahí vienen los conflictos: enfados, discusiones, decepciones, reproches, engaños, manipulación y control. Los conflictos aparecen cuando el otro no hace lo que nosotros creemos que debería hacer y, por consiguiente, ya no nos sirve para hacernos sentir «completos» o cuando nosotros no hacemos lo que pensamos que el otro quiere que hagamos y, por tanto, pensamos que ya no le vamos a hacer sentir «completo». ¿Te das cuenta de la auténtica chaladura en la que convertimos nuestras relaciones?

Cuando percibimos que ese alguien especial, a quien parecemos seleccionar, deja de hacernos sentir completos, aparecen los conflictos. Y con los conflictos, como en uno de esos packs indivisibles de tomate frito del Mercadona,[83] llega el sufrimiento. Frente a esos conflictos, lo que solemos hacer es culpar al otro (o a nosotros mismos) y, desde ese pensamiento de ataque hacia el otro (o hacia nosotros mismos), o nos apartamos o empezamos a manipularnos y, por tanto, a manipular al otro. Míralo tan sinceramente como puedas permitirte en este momento. Siempre acabas intentando, de alguna manera, dominar a los demás a través de la manipulación, tratando de ejercer tu poder sobre ellos para que estén en el lugar en que quieres que estén y para que se comporten como crees que quieres que se comporten. Las estrategias que utilizas para conseguirlo son de traca y van desde la imposición hasta el chantaje, pasando por la pasividad, la discusión, el victimismo, la violencia, los juegos mentales y un largo etcétera. Y si no lo consigues, utilizas todo aquello de lo que culpas al otro para mandarle a paseo. Y le abandonas, física, emocional o mentalmente.

Voy a proponerte ver algo. Tranquilo, que de esto no se entera nadie (ejem). Piensa en cualquier relación más o menos cercana de las que tienes en este momento. Da lo mismo si es con un familiar, un amigo, tu pareja o un compañero de curro. ¿Lo tienes? OK. Ahora date cuenta de cuántas cosas esperas de esa persona. Puedes escribírtelas en el móvil, en un cuaderno o solo repasarlas mentalmente. Observa lo que ha pasado cuando esa persona ha parecido hacer algo que no cuadra con tus necesidades inconscientes o con tus pensamientos acerca de lo que esa persona debería haber hecho. ¿Te has sentido

83. Archiconocida cadena de supermercados española. Su sintonía de promo es la hostia. Y su tortilla de patatas ufff, lo más (para ser de las prefabricadas, obvio).

decepcionado? ¿Te has enfadado? ¿Se lo has recriminado verbalmente o a través de determinadas actitudes? ¿Le has puesto verde hablando con terceros? ¿Te has distanciado de esa persona? ¿Le has castigado de alguna manera? ¿O simplemente has mandado la relación a tomar por culo? Me juego la mano derecha (y no la pierdo) a que la respuesta a alguna de estas preguntas es sí.

Y ahora, viaje de vuelta. En esa misma relación que has pensado, o en otra cualquiera, sé consciente de lo que piensas que la otra persona espera de ti, y como, en determinadas ocasiones, no te habrás permitido actuar honestamente y ser tal cual te nace de modo espontáneo tan solo para tratar de agradarle o complacerle, intentando mantener intacto el acuerdo inconsciente de intercambio. Y observa también cuando has hecho algo que crees que a la otra persona no va a gustarle, cómo has tratado de ocultarlo, de manipular maquillando la situación, de inventarte las excusas más estrafalarias por haber hecho o dicho algo en concreto. O por no haberlo hecho o dicho.

No hay nada bueno ni malo en ello, las relaciones tal como las entendemos en la peli de nuestra vida suelen funcionar así. Y son perfectas tal cual funcionan. Tan solo intento que seas consciente del intercambio en el que, sin darte cuenta, te metes y de lo que ello implica: culpabilidad proyectada, sensación de no estar completo nunca, expectativas, engaños, exigencias, manipulación, enfados (con montaje de numeritos incluido a veces), ataques, defensas, agresividad, control, ansiedad, depresión, tristeza, etcétera. Y sufrimiento. Toneladas y toneladas de sufrimiento.

Y es que cuando creemos necesitar algo de alguien y generamos nuestras propias expectativas acerca de cómo debe ser ese alguien, es prácticamente imposible que le podamos permitir ser tal como es. Tiene que ser como nosotros queremos que sea. Punto. Y, la verdad, no sé si esto tiene mucho sentido. ¿Tú se lo encuentras?

Piensa en, por ejemplo, las rayadas que has experimentado cuando tu padre no te ha prestado el dinero que le pediste, cuando tu hijo no ha sacado las notas que tú esperabas, cuando estás jodido por algo y tu amigo se pasa dos horas y media hablando de su libro sin preguntarte siquiera cómo estás, cuando tu pareja no se ha acordado de vuestro aniversario o cuando tu compañero de curro te ha dicho que no al cambio de turno que le pediste. En todos esos casos, según tú, el culpable de tu rayada siempre es tu padre, tu hijo, tu amigo, tu pareja o tu compañero de trabajo. De lo que no te das cuenta es de que, en realidad, la causa de tu rayada no es otra que todas las expectativas que tú has fabricado acerca de cómo ha de ser el otro o sobre lo que ha de hacer o no hacer.

No es lo que hace o no hace el otro, sino tus expectativas acerca de lo que debiera o no hacer. ¿Puedes permitirte ver esto? Porque devuelve la causa de tu rayada al lugar donde se generó: tu mente. Y eso es una jodida pasada, pues en relación con tus expectativas sí puedes hacer movimientos, que para algo son tuyas.

Voy a permitirme hacerte una pregunta: ¿permites ser, sentir y actuar libremente a las personas con las que pareces estar relacionándote todo el tiempo? Míralo. Pareces escoger a alguien porque crees que te hace sentir especial, y a partir de esa aparente elección, intentas que ese alguien deje de ser como es y pase a ser como tú quieres que sea, para que así pueda encajar con el concepto que tú has creado en tu mente acerca de vuestra relación. ¿Te das cuenta del tripi que supone eso?

Para seguir rizando el rizo, y explicando lo mismo de otra manera, a través de las relaciones, y de los mecanismos que pareces poner en juego en ellas, haces algo muy curioso, que es ponerte en posición de víctima. Siempre que percibes conflicto a través de ellas, como lo que haces es culpabilizar al otro, te victimizas. «Claro, es que mira lo que me ha dicho», «¿Por qué me hace esto?», «¿Qué le he hecho yo para que sea así conmigo?», «Si no hubiera actuado así yo no tendría que haber hecho esto» y así un buen puñado de bisutería barata mental en formato pensamiento de ataque. No te das cuenta de que no eres víctima de nada más que de ti mismo.[84] A ver si puedo explicarme para que puedas verlo un poco de esta manera.

Determinas cómo debiera ser y qué debería hacer la otra persona en función de tus necesidades inconscientes, creyendo erróneamente que el otro va a cubrirlas. Cuando esa otra persona parece no cumplir tus expectativas, la odias un poquito, la culpas y te victimizas. Pero, en realidad, como acabamos de ver unas líneas antes, tan solo eres víctima de tus pensamientos acerca de cómo debiera ser esa otra persona, que te impiden abrirte a aceptarla tal como es y a permitirle ser como es. Por tanto, aquí podemos ver una cosa superinteresante: que víctima y victimario son una misma cosa, pues todo lo que parece sucederte tiene su origen en tu mente y no suce-

84. Y te digo esto yo, que he caído en las garras de varios narcisistas durante mi recorrido vital. Manda huevos, ¿eh? La vida mandando señales y yo: «A ver otra vez». Así, en bucle.

de más allá de ella. Víctima y victimario no existen más que como conceptos en tu mente. Eres la víctima de tus propios pensamientos. Ergo, eres tu propio victimario también.

¿Lo puedes ver? ¡Porque es flipante!

No te das cuenta de que no eres víctima de nada más que de ti mismo.

Sigamos. Todas las expectativas que generas en tu mente, y en función de las cuales experimentas tus relaciones, son, en un alto porcentaje, inconscientes y están basadas, en parte, en eso que entiendes como el pasado. Vamos a ver de qué manera puedo expresar esto. Crees que te relacionas con otra persona, pero, en realidad, te estás relacionando con ideas y pensamientos que tú tienes acerca de esa persona. Ideas y pensamientos que están en tu mente y son tuyos. Los personajes de la peli con los que pareces relacionarte no son más que pensamientos en tu mente. Pero como proyectas y piensas que están ahí fuera, empiezas a establecer equivalencias, comparaciones, juicios y demás cacharrería mental, basada en eso que entiendes como tus relaciones anteriores. Y es que las relaciones especiales son intentos (casi siempre inconscientes) de revivir eso que entiendes como el pasado a través de ellas.

Y no solo eso. Además, cuando la relación, en este momento, no está donde tú piensas que piensas que debería estar, empiezas a imaginarla en eso que entiendes como el futuro. Empiezas a conceptualizar cómo debería ser la relación en el futuro para que vuelva a cumplir tus expectativas y a valorar qué puedes hacer para que esa paja mental suceda. Y ahí empiezas a tratar de cambiar cosas ahí fuera para que la relación pueda encajar en tu concepto mental de ella en el futuro. Lo más habitual es que eso se quede tan solo en intentos, pero si alguna vez lo consigues, puedes darte cuenta de que lo que sucede es que tampoco te hace sentirte más completo, más feliz ni más en paz. Y como decían en el programa de televisión *El juego de tu vida*,[85] «Eso es... ¡verdad!».

Haciendo todo esto, lo que haces, sin enterarte, es buscar la relación donde no está, en eso que entiendes como el pasado y el futuro. Así, lo que pasa es que desprecias lo que ya está sucediendo en la relación, de forma natural y espontánea, en este momento. La relación siempre está sucediendo en este momento, pero date cuenta de que prácticamente nunca la estás buscando aquí. Así pierdes aún más, si cabe, la conciencia acerca de su perfecta perfección. Y de nuevo, no hay nada bueno ni malo en ello, pero fíjate que eso te separa de la relación real y es otro de los aspectos que utilizas para inflar todavía más el intercambio en el que conviertes las relaciones que pareces experimentar mientras te identificas con tu personaje. Y es que cuando te abres a la experiencia de la relación presente, sin aditivos pasados ni proyecciones futuras, la relación se transforma milagrosamente.

Todo este show, con alfombra roja incluida directa a la ceremonia anual de los Globos de Oro,[86] que nos montamos

85. Versión española del programa de televisión norteamericano *The Moment of Truth*, que a su vez era una versión del colombiano *Nada más que la verdad*. Desconozco cómo eran las versiones norteamericana y colombiana, pero la española fue bastante polémica. Tela telita.

86. Galardones que concede la Asociación de la Prensa Extranjera de Hollywood a *celebrities* de la tele y el cine a nivel mundial. Seguro que has oído hablar de ellos alguna vez. Yo, alguna que otra vez, me he pillado un buen «globo de oro» también.

con nuestras relaciones es, en realidad, una *fuckin'* maravilla, pues es como si estuviéramos permanentemente en una clase dotada de todo lo necesario para que podamos ser más conscientes de todo lo que está en nosotros y que, como nos parece indeseable, no atendemos. Ya sabes, todo lo que crees vivir a través de las relaciones sucede tan solo en tu mente y te habla de ti, por tanto, te permite aprenderte y ser consciente del papel que estás desarrollando en la peli de tu vida.

¿POR QUÉ LO LLAMAN AMOR CUANDO QUIEREN DECIR MIEDO?[87]

En las relaciones que pareces establecer en tu peli, que ya hemos visto que están basadas en un intercambio y a través de las cuales piensas que vas a poder sentirte completo, cuando el otro parece cubrir eso que podríamos llamar tus necesidades, conscientes o inconscientes, te piensas que sientes amor. Y hasta crees que te enamoras. Crees sentir amor. Pero en muchos momentos, tus expectativas no se ven cumplidas y, por tanto, tus necesidades tampoco se ven cubiertas. Y ahí, eso que sueles llamar amor se transforma, como por arte de magia, en cualquier otra cosa menos en amor.

El amor, tal como lo entendemos los seres humanos, es una emoción que proviene de la identificación con nuestro yo separado y con la separación. Es, por tanto, nuestra versión particular del amor, que dista bastante de lo que es el amor.

87. Guiño a la película española *¿Por qué lo llaman amor cuando quieren decir sexo?*, dirigida por Manuel Gómez Pereira y protagonizada por Verónica Forqué (DEP) y Jorge Sanz, estrenada en el año 1993.

De hecho, el amor tal como lo entendemos los seres humanos, hace de todo menos amar.

Piénsalo. Pasas del amor al odio en cero coma. Cuando estás en fase amor, puedes ver que hay de todo menos amor. Como vimos en el capítulo anterior, en realidad es el miedo el que subyace a las relaciones especiales, pero lo vestimos de amor. Observa cuánto miedo hay en tus relaciones: miedo a que te abandonen, a que les pase algo, a que desaparezcan, a que no hagan lo que tú crees que necesitas que hagan, a que no cumplan tus expectativas, a que cambien y ya no te encajen o no les encajes tú, a que te encuentren un sustituto, etcétera. Y ahí, desde el miedo, aparecen la dependencia, el apego, la exigencia, el control, la manipulación, la posesión, los engaños, los celos, etcétera. Ya sabes de lo que te hablo, pues en mayor o menor medida, es lo que pareces experimentar. ¿Son todos esos conceptos algo que relacionarías con el amor?

Y es que el amor, tal como lo entiendes, es un concepto que tan solo responde a tus necesidades. Por eso es tu versión particular del amor. Como cada uno de los personajes de la peli parece tener una versión particular del amor distinta a la de los demás, enseguida empiezas a darte cuenta de que tu versión del amor no coincide con la versión del amor de cualquiera de los otros personajes con los que te relacionas. Y ahí empiezan los conflictos y el sufrimiento que siempre viene asociado a ellos. Sí, el pack indivisible de tomate frito del Mercadona del que te hablaba antes.

Entonces, eso a lo que llamamos amor puede no ser otra cosa que miedo disfrazado de nuestra versión adulterada del amor.

La primera vez que, desde el personaje principal de mi propia peli, fui consciente de que, en realidad, mis relaciones estaban basadas en el miedo, me explotó la cabeza. Así que no te preocupes en exceso si te está explotando a ti también en este momento. De hecho, hasta te diría que puedes alegrarte por ello, pues haciéndote consciente de esto es la única manera que tienes para permitir que tus relaciones puedan empezar a mostrarse tal como son.

¡Claro que existe amor en nuestras relaciones! De hecho, si me vengo arriba, Amor es lo único que existe. ¿Por qué, entonces, parece ser que no vivimos relaciones de amor? Pues porque lo que hacemos, creando tantas capas y capas de conceptos mentales acerca de todo, es precisamente negar el amor. Le hemos metido tantas historias encima, que no le damos espacio a que pueda mostrarse plenamente. Y esto también llevo repitiéndotelo desde que iniciamos este viaje juntos.

Por consiguiente, es nuestra interpretación del amor lo que nos aleja de la verdadera experiencia de Amor.

El Amor siempre une. Y une espontáneamente cuando le quitamos todos los conceptos que hemos fabricado acerca de lo que es el amor, dejamos de interpretar la relación y soltamos nuestras necesidades y expectativas acerca de cómo esta debiera de ser.

Es nuestra interpretación del amor lo que nos aleja de la verdadera experiencia de Amor.

Las relaciones, lejos de lo que entendemos como relaciones, son una experiencia que parecemos tener mientras estamos identificados con el personaje principal de nuestras propias pelis. Una experiencia que surge espontáneamente a cada instante y que, por tanto, está en continuo movimiento y transformación.

Pero parece ser que nos hemos olvidado de eso, y en vez de abrirnos a la experiencia de la relación en cada momento, disfrazamos la experiencia con un montón de conceptos mentales de fabricación propia. La disfrazamos tanto que, al final, lo único que conseguimos es separarnos de la experiencia de la relación. Y desde esa separación, entonces es desde donde parecen suceder todas las cosas que hemos visto hasta ahora.

Las relaciones siempre son perfectas tal como son. No las percibes perfectas porque tienes tu propia versión de cómo deberían ser, y desde ahí no te permites percibir la realidad de la relación, pues estás demasiado ocupado prestándole atención a todos los conceptos que le has puesto por encima.

La verdad es que tú eres la relación misma, pues las relaciones siempre tienden a la unidad. Tratamos de sentirnos completos a través de las relaciones, en vez de utilizar las relaciones para poder ser conscientes de todos esos aspectos de nosotros mismos que, sin el espejo de la otra persona, nos costaría horrores poder llegar a ver. Por tanto, para poder ser conscientes de nuestra totalidad.

Permíteme acompañarte a ver algo. Tranquilo, que ya lo hemos hecho antes. Piensa en una relación cualquiera de las que estás teniendo en este momento. Piensa en la última situación de estrés o perturbación que hayas tenido con esa persona. Ponle una etiqueta a la otra persona en referencia a esa situación estresante. La etiqueta puede ser «egoísta», «tardón», «irresponsable», «déspota», «descuidado» o cualquier otra del estilo. ¿La tienes? Venga, pues vamos allá. Ahora, piensa en cómo esa etiqueta se expresa en ti y en tu experiencia. Por ejemplo, si la etiqueta que has puesto es «egoísta», observa qué te pasa a ti con el egoísmo, cuándo no te permites ser egoísta o cuándo eres egoísta en exceso. Si estás percibiendo la etiqueta en la otra persona, esa etiqueta tan solo está hablando de ti, pues es una etiqueta que tú le pones en virtud de tu interpretación de esa situación de estrés. Por consiguiente, no habla de la otra persona, habla de ti. Cuando puedes ver ese concepto en ti y la forma en que se expresa en tu vida, puedes darte cuenta de algo. De alguna u otra forma, seguro que juzgas ese concepto como indeseable en tu mente. Obviamente, ese concepto está en ti, pues tú estás contenido en todo lo que experimentas y todo lo que experimentas está en ti. Al juzgarlo como indeseable, no te identificas con él, y ¿qué haces? Lo proyectas a la pantalla del mundo, en este caso en los personajes que se reflejan en ella como resultado de la proyección en *prime time*[88] continuado de la peli de tu vida. Y entonces lo percibes como algo que está ahí fuera, cuando, en realidad, no es nada que tú no estés proyectando. ¿Puedes ver esto?

Si puedes verlo, ya puedes empezar a agradecer todas tus

88. Horario de máxima audiencia en televisión, que en España suele ser alrededor de las 22.30 horas. No tiene nada que ver con el Prime de Amazon. O sí, conceptualmente.

relaciones tal como son, pues todas son oportunidades maravillosas para ti, para que puedas verte y reconocerte en la otra persona y a través de ella. Como te decía antes, el aula perfecta. Ya que conceptualizas las relaciones, por lo menos permítete utilizar la conceptualización para poder hacerte más consciente de ti mismo. Puedes preguntarte: ¿qué necesito ver de mí mismo a través de esta relación y que, sin ella, no sería capaz de ver? Y entonces ahí puedes ponerte en una posición de aprenderte, de ver cosas acerca del personaje y del papel que representas, comprender poco a poco que no eres él y empezar a abrirte a la experiencia de cada relación en lugar de cerrarte a tu conceptualización de esta. Puedes empezar a abrirte a dar, sin necesidad de exigir ni esperar nada a cambio, pues sabes que ya lo estás recibiendo por el simple hecho de abrirte a dar.

Date cuenta. En la relación siempre te estás buscando a ti mismo, pues nunca ves al otro, solo te ves a ti. Como si estuvieras buscando a Nemo,[89] solo que Nemo eres tú. Por eso, cuando buscas al otro, en realidad te estás buscando a ti mismo, aparentemente representado a través de otro cuerpo, vale. Pero a ti mismo. Cuando puedes reconocer que, realmente, lo único que buscas todo el tiempo es a ti, desde esa conciencia no necesitas que nadie sea como tú quieres que sea, ni esperas que sean de otra manera a como son, porque ya son perfectos para tu propósito.

No tienes que buscar nada distinto a como ya está siendo ahí fuera en la pantalla del mundo. Todo está siendo perfecto para que tú puedas encontrarte contigo mismo. Todo en la

89. Personaje principal de la película de Pixar *Finding Nemo* (*Buscando a Nemo* es su título en español) que se estrenó en 2003 y que ganó un Oscar.

relación es una invitación continua para que puedas reconocerte.

Todo en la relación es una invitación continua para que puedas reconocerte.

Y entonces es cuando puedes empezar a relacionarte desde el amor, sabiendo que en la otra persona no estás viendo nada distinto a ti. Desde esa posición, no es relevante lo que hagas en o con tus relaciones, pues lo relevante tan solo es el lugar desde el que te relacionas, la conciencia desde la que te estás relacionando. Si es un lugar de amor, de unidad contigo mismo, de apertura a la experiencia de la relación y de agradecimiento hacia ella (y no de miedo), no es importante lo que hagas, pues sabes que lo que suceda siempre está sucediendo tal como ha de suceder.

Con esto no quiero decir que tengas que seguir relacionándote con alguien si no quieres. Tan solo intento decirte que, si te ves superado porque una relación no está cubriendo tus expectativas y estás sufriendo, y no puedes permitirte utilizarla para hacerte más consciente de ti mismo porque el dolor, la angustia y el sufrimiento te están superando, el acto de amor más grande que puedes hacer hacia ti mismo (y, por tanto, hacia la otra persona, que es lo mismo que tú), es dejar ir la relación en vez de intentar cambiar al otro. Y, cuando puedas permitírtelo, ver qué había en esa relación para ti, qué se te estaba mostrando a través de ella y que sin ella no podrías ver. ¿Qué te parece?

Cuando te das permiso a ver plenamente que lo único que estás buscando y viendo todo el rato, a través de la relación, es a ti, te das cuenta de que todas las relaciones son un regalazo de la hostia, pues te permiten ser consciente de tu totalidad a través del otro. Y cuando digo todas, me refiero a absolutamente todas.

Y, desde ahí, puedes empezar a sentirte completo y a ver que no hay nada en el otro de lo que debas apropiarte, pero no porque nadie ahí fuera te llene, sino porque tú mismo te estás permitiendo integrarte en la totalidad de tu Ser a través del otro en la relación.

PARTE II

DESACTIVANDO EL PILOTO AUTOMÁTICO

(Desactivando el sistema usado para guiar un objeto sin la ayuda de un ser humano)

MR. WONDERFUL Y LA EXPERIENCIA TELETUBBIE

Hasta ahora, hemos visto distintos aspectos relacionados con esta experiencia a la que, vulgarmente, llamamos vida. Hagamos un pequeño *recap.*[90] Posiblemente, te reventó la cabeza el punto de vista radical que expuse acerca de su naturaleza ilusoria, que es el hilo conductor de todo lo que has leído hasta ahora. Por eso hablo todo el tiempo de la peli de tu vida, porque eso es, metafóricamente, lo que estás haciendo: interpretar un papel en una peli, cuyo guion, argumento, trama y desenlace ya están escritos.

Vimos la cantidad de conceptos con los que revistes la experiencia, que es a través de los cuales tratas de darte una explicación a lo que eres y a lo que debe ser este escenario al que llamas mundo. De ahí, te identificas con un yo separado que parece habitar en un mundo dual.

También echamos un vistazo al ciclo de proyección y percepción a través del cual habrás podido darte cuenta de que lo único que ves todo el tiempo en eso que entiendes como el ahí

90. Recapitulación, repasito.

fuera es a ti. Eso devuelve la causa de todo al lugar del que nunca debió salir: la mente. Y tiende a la unidad, pues te permite darte cuenta de algo que he repetido muchas veces: tú eres todo y todo está contenido en ti.

Observamos cómo a través de un sistema de juicios, mayoritariamente inconsciente, vale, consideras como indeseables determinados aspectos de ti mismo y, por tanto, de tu experiencia, y tratas de hacerlos desaparecer, sin mucho éxito, complicándote la tarea de recordar tu perfecta totalidad. Para permitirte ser consciente de ello, lo que haces es proyectarlos en la pantalla del mundo, aunque en vez de entenderlo así, lo que sucede es que piensas que la causa de todo eso que niegas de ti y que proyectas ahí fuera está en lo que percibes ahí fuera. Tiras de percepción, olvidándote de la proyección.

También hablamos de algunos pequeños detalles sin importancia que utilizas continuamente: la mentira, la manipulación y el control, y contemplamos algunos aspectos relacionados con eso que llamamos deseo (y que no es un tranvía).[91]

Le echamos un ojo (no literalmente, por suerte) a eso que todos arrastramos, pero que no solemos atender, que es la culpabilidad, y también utilizamos al Agente Microscópico 007 para visitar la casa del señor miedo, a la que parece que tenemos acceso VIP permanente.

Y en el capítulo anterior, dimos un ligero repaso al Big Mac de tu experiencia: las relaciones.

Quizá, llegados a este punto, esté surgiendo una pregunta

91. Guiño a la película norteamericana *Un tranvía llamado deseo* (*A Streetcar Named Desire* es su título original en inglés), que se estrenó en el año 1951 y que está protagonizada por Vivien Leigh y Marlon Brando. Estuvo nominada a doce Oscar, de los cuales se llevó cuatro. ¿Cómo te quedas?

en ti, algo así como: «¿Qué hago con todo esto?». Y es de eso sobre lo que quiero hablarte en las siguientes líneas. Y es que los seres humanos, en nuestra identificación con el actor principal de nuestras propias pelis, tenemos la creencia de que hemos de hacer algo todo el rato. Creemos ser los responsables de la creación de nuestra experiencia sin darnos cuenta de que de lo único que, en cualquier caso, somos responsables en ella es de cómo la experimentamos. Pero no de crearla, por mucho que Mr. Wonderful[92] y los últimos ciento setenta y seis libros de autoayuda *new age*[93] que te has leído digan lo contrario.

En cualquier caso, ya sabes que lo que hacemos es fabricar un montón de conceptos para tratar de darnos explicaciones, pero en ningún caso creamos la experiencia. Y esto se puede ver de forma rápida. Piénsalo. Si la creáramos, ¿crees que tendríamos la experiencia que estamos teniendo? Es decir, ¿crees que, si crearas tu experiencia, esta sería como está siendo? Me atrevo a afirmar que la respuesta es no. Si la crearas, estarías teniendo una experiencia en formato *teletubbie*,[94] en la cual todo sería paz y amor, los problemas no existirían, no tendrías que trabajar, te percibirías feliz y te comerías una perdiz. Y como puedes ver, tu experiencia parece distar bastante de eso. Obviamente que todo esto tan solo parece suceder en tu

92. Marca de regalos. Según la marca en su página web, «regalos felices para alegrar al personal». Sin comentarios, ejem. Lo siento si eres fan de sus cositas.

93. Nueva Era. Prácticas espirituales que aparecieron en Occidente en los años setenta.

94. *Teletubbies* fue un programa de televisión infantil de la BBC británica en que cuatro personajes vestidos de colores y con antenas en la cabeza y pantallas en el estómago interactúan entre ellos de forma pastelosa. Muy friki todo.

propia peli de la cual el yo separado con el que te identificas tan solo es un actor. Como todo lo que hemos estado viendo hasta ahora.

No es que tu experiencia no esté diseñada para que seas feliz, ¡claro que lo está! Pero todos los conceptos que has fabricado, y a través de los cuales determinas cómo debería de ser tu experiencia, no te permiten ser consciente de ello. Por tanto, en realidad lo que fabricas en la experiencia es lo que te impide estar teniendo una experiencia feliz. Para que luego venga el listillo de turno a decirte que creas tu experiencia. El problema es que, como te lo crees, generas un montón de frustración al respecto. Y no solo de frustración, sino también de culpabilidad. Claro, si eres tú el que está creando esta experiencia, cuando las cosas no son como piensas que quieres que sean, te frustras y te culpas.

La hora del snack

Se te ha dado una experiencia de vida total como el actor principal de tu propia peli. Y con «total» me refiero a que incluye todo lo que parece suceder en ella. Tú, como su actor principal, lejos de saberte un mero actor y hacerte un *go with the flow*[95] de los buenos, te crees que eres su creador y fabricas un montón de conceptos acerca de lo que tú crees que eres y acerca de lo que tú crees que la experiencia debe ser. Y es precisamente toda esa fabricación conceptual la que te separa por completo de la experiencia y la que te aleja de la experiencia

95. Dejarse llevar.

de felicidad en ella, que le viene de serie, pues la experiencia no está diseñada para joderse a sí misma, por consiguiente, tampoco está diseñada para joderte a ti. ¿Puedes ver el lugar al que intento apuntar con todo esto que te estoy intentando explicar?

**Se te ha dado una experiencia de vida total.
Y como total, lo incluye todo.**

Voy a invitarte a que eches un vistazo a tu experiencia y veas la cantidad de cosas que has hecho pensando que te iban a hacer más feliz. Voy a nombrar unas cuantas, como por ejemplo: tener pareja o dejar a tu pareja, tener hijos o no tenerlos, cambiar de curro o luchar por quedarte en el que estás, cambiar de ciudad, comprarte una casa, un coche, un móvil nuevo o vender una casa, un coche o un móvil viejo, ir al gimnasio para tener un cuerpo diez, adelgazar, coger peso, ponerte tetas, pelo, bótox, follar más o dejar de follar tanto, hacer yoga, meditar, hacer cursos de autoconocimiento con tu gurú favorito, leer libros de autoayuda, ir a charlas, conferencias, retiros... Y si me vengo arriba del todo y voy a lo grande: mentir, engañar, manipular, controlar, juzgar, esconder tu culpabilidad, esconder partes de ti mismo, tratar de darte una explicación conceptual acerca de todo lo que parece sucederte, tratar de evitar el miedo y así un largo etcétera. ¿Alguna de todas estas fantasías te ha hecho sentirte más feliz? ¿Más en paz? ¿Vivir «mejor»? Quizá, por un breve lapso de tiempo algunas te hayan aportado un pequeño snack de felicidad, o de paz. Pero me atrevería a decir que nada muy duradero.

Con esto no quiero decir que no hagas cosas. De hecho, si

las haces es porque así debe ser. Haz lo que creas que debes hacer. El asunto está en que no haces cosas simplemente por el puro placer de hacerlas y experimentarlas, sino esperando un resultado: ser feliz, estar «mejor», estar de otra manera a como estás. Y eso añade un matiz importante a la experiencia de hacer algo, pues ese algo siempre pende de un resultado. Además, viendo esto puedes darte cuenta de algo: el resultado de lo que pareces hacer nunca depende de ti. Por eso, muchas veces haces todo lo que crees necesario para conseguir algo y no lo consigues. O al revés, de repente no haces nada para conseguir algo, y lo consigues. Eso te indica alguna cosa, ¿no crees?

Si algo ha de ser, será. Y si no ha de ser, no será. Por mucho que te encabezones en pensar lo contrario.

Repito, no importa lo que hagas o lo que dejes de hacer. Si algo ha de ser, será. Y si no ha de ser, no será. Por mucho que te encabezones en pensar lo contrario. Voy a ver si puedo poner un ejemplo para esto. Tengo un buen amigo con el que siempre nos reímos mucho al recordar esta anécdota. Un día estábamos dando un paseo cerca del Arco de Triunfo, en Barcelona. Por aquellas, él y su marido estaban inmersos en un proceso de gestación subrogada y, durante nuestro paseo, me estuvo contando sus preocupaciones sobre el proceso, que parecía estar complicándose por no recuerdo exactamente qué motivos. Mi amigo estaba rayado y cansado, pues estaba siendo un proceso largo. Tras escucharle y no poder aportar mucho, ya que nunca he estado en una movida de esas características y desconozco los procesos, salió muy espontáneamente una frase de mi boca, que dije sin pensar mucho porque si lo hubiera pensado mucho, quizá no le hubiera dicho eso. Pero con él no sentía la necesidad de poner mucho filtro a lo que surgió en mí en aquel momento, así que le solté algo así como: «Bueno, relájate, al final serás padre o no lo serás». Él me miró y empezó a reírse. Entendió lo que quería transmitirle. Y se rio.

Dicho de otro modo: mi amigo no estaba preocupado por lo tedioso del proceso, ni por lo largo que estaba siendo, ni por el dinero que estaba invirtiendo, ni por los viajes, etcétera. Estaba preocupado por no conseguirlo. Y mis palabras, lo que le estaban diciendo era algo así como: «Sigue el proceso si así piensas que debes hacerlo, experiméntalo, dale espacio al cansancio, a la frustración, a tus miedos y preocupaciones, obsérvate en el proceso, pues la manera en que lo experimentes te está hablando de ti, te permite verte en esta situación sin la cual no podrías conocer determinados aspectos acerca de ti mismo, y eso es oro. Pero trata de no apegarte al resultado. Serás igual de feliz si consigues tener ese bebé como si no lo consigues».

Estamos tan apegados al resultado de las cosas que hacemos, que perdemos la perspectiva de la experiencia, que es lo básico y que, además, siempre es como ha de ser, aunque nosotros, tras juzgarla, nos rayemos y entremos en oposición con ella cuando creemos que no está siendo como nosotros pensamos que debería ser. Aquí el tema no está en la experiencia, sino en nuestras expectativas frente a ella. Y es que los resultados, al final, no dependen de nosotros. Podemos crear condiciones y hacer cosas para que algo que queremos suceda, pero que suceda o no no depende de nosotros. Y eso nos cuesta mucho entenderlo y aceptarlo. Así de egocéntricos somos los seres humanos.

Y es que, por mucho que te genere incomodidad o que no estés de acuerdo con lo que te estoy contando, siempre estás haciendo todo tal como debes hacerlo. ¿Cómo sé eso? Pues porque ya lo estás haciendo, y esa es la muestra más clara de lo que te estoy tratando de transmitir. Lo único que no te permite verlo así es tu oposición a lo que estás haciendo. Y no solo a lo que estás haciendo, sino a que el resultado sea tal como está siendo. Entras en oposición con la experiencia debido a tu conceptualización mental acerca de cómo debería ser la experiencia. Haces cosas esperando un resultado determinado, y cuando el resultado no es el esperado, entras en oposición a él. Entras en oposición a lo que es, tan solo por tus conceptos mentales acerca de cómo deben ser las cosas. Pero eso, querido amigo, es tan solo tu interpretación.

¿Has intentado desapegarte de tu concepto acerca de cuál es el resultado que han de tener las cosas que haces?

POV:[96] pudiera ser (y solo pudiera ser) que haciendo cosas todo el rato pensando que haciéndolas vas a sentirte más feliz, resulta que no consigues sentirte más feliz, ni estar más en paz, ni vivir «mejor». ¿Será, por un casual, que el tema no esté en hacer?

96. *Point of View* o punto de vista, pero en moderno. Y sí, a veces se usa diferente en las redes sociales. ¿Y?

Más guay que el *Motomami*

No me canso de decírtelo. Todo lo que pareces experimentar, mientras andas identificado con el personaje principal de tu peli, no son más que conceptualizaciones mentales. De acuerdo con un sistema de juicios, fabricas un montón de conceptos acerca de lo que tú eres y te identificas con ellos. Desde ahí, también fabricas un montón de conceptos acerca de cómo han de ser las cosas, y te identificas con ellos. Y todo ese stock de conceptos que albergas son los que te impiden abrirte a la experiencia como actor principal de la peli de tu vida. Todos esos conceptos son los que te alejan de ti mismo, de lo que eres esencialmente y son también, en primera y última instancia, lo que utilizas de forma inconsciente para oponerte a tu experiencia una y otra vez, alejándote así de la felicidad, de la paz, del amor y de la unidad con todo lo que es, que ya residen en ti pero que no te permites manifestar debido a todos los conceptos que estás metiendo por ahí en medio. Y la mayoría de ellos los metes con calzador. Ahí es nada.

No soy un gran experto en budismo, pero tengo una buena amiga que es medio budista y por ahí se despertó un poco más mi interés por esta filosofía. Los budistas hablan de apego como la incapacidad de soltar todos los conceptos que fabricamos acerca de lo que somos. Nos apegamos a esos conceptos de cosecha propia y, desde ese apego, nos apegamos también a todo lo que se deriva de nuestra identificación con dichos conceptos. Nos apegamos a todo: al deseo, al placer, a la culpabilidad, al miedo, al sufrimiento y a un largo etcétera. Y eso nos genera mucho sufrimiento. Según el budismo, cuando podemos ir renunciando a todos nuestros apegos, empezamos a deshacernos del sufrimiento. Por tanto, abrirnos a la experiencia de vida que parecemos estar teniendo, sin estar a cada momento apegados a los conceptos que hemos fabricado inconscientemente, significaría el fin del sufrimiento. Tal como yo lo entiendo, no se trata de deshacernos de los conceptos, pues, en efecto, en la peli de nuestras vidas eso parece ser muy complicado. Simplemente se trata de no identificarnos más con ellos, de ir integrándolos con sus aparentes opuestos, que también están en nosotros, siendo conscientes de que eso es lo que nos decimos que somos, pero que también somos muchas otras cosas y que podemos darnos permiso para ello. De hecho, somos todo y todo está en nosotros, así que imagínate si podemos ser muchas otras cosas. ¡Podemos ser todo, si nos permitimos ser conscientes de ello!

Por eso, no se trata de entrar en oposición con todos los conceptos que has fabricado, pues al final eso sería más de lo mismo: oposición. Además, todos esos conceptos son lo que tienes para poder darte cuenta de que no son más que conceptos, por tanto, puedes utilizarlos. La experiencia que estás teniendo es una maravillosa oportunidad para poder ir despegándote de todo lo que te cuentas acerca de la experiencia.

Cuanto más consciente eres de tus identificaciones, menos identificación hay.

Se trata entonces, de deshacer y no de hacer. De deshacer todos esos conceptos en virtud de los cuales tratas de darte explicaciones para todo. Puedes ser consciente de ellos, así se presenten en formato pensamientos, emociones o sensaciones. Puedes no dejarte llevar por los conceptos todo el tiempo, como si fueras en una bici a piñón fijo, observándolos y dándote cuenta de que no son más que conceptos, ideas, puntos de vista que te dices en tu cabeza o que sientes en tu cuerpo, que provienen únicamente de tu identificación con tu mente humana. Cuando los observas y no te apegas a ellos, puedes darte cuenta de algo maravilloso: si puedes observarlos, no puedes ser ellos. Y puedes darte cuenta también, entonces, de que ni eres el pensador, ni eres el hacedor. Y entonces, a partir de ahí, te abres la puerta a la posibilidad de ver algo grandioso, flipante, más placentero que un orgasmo y más guay que el vídeo de presentación de *Motomami*[97] que se curró la Rosalía: y es que ni siquiera eres el observador. Pero con eso me da para escribir otro libro.

Por tanto, y según lo que te estoy contando y en contra de lo que sueles pensar, lo único que en realidad tendría sentido hacer es desindentificarte, deshacer todo lo que has fabricado en formato concepto y que te aleja de la experiencia real de descubrir qué es lo que eres más allá de los conceptos. Cuando empiezas a desidentificarte de todos los conceptos que te has inventado acerca de todo, puedes empezar hasta a desidentificarte de tu propia peli y de lo que parece sucederte en ella, pues eres consciente plenamente de que es una peli, ficción, ilusión, un sueño, como te dé la gana llamarlo. Y eso, querido amigo, es la rehostia.

97. Título del tercer álbum de estudio de la cantante española Rosalía, que se publicó en 2022, y que es la bomba. Bueno, o por lo menos a mí me lo parece. Tiene temazos… «¡Saoko, papi, Saoko!».

¿Tienes algo que perder?

Como ves, no se trata de oponerte ni de negar lo que pareces experimentar en tu peli. Más bien se trata de reinterpretarlo. Cuando puedes darte el gustazo de observarte, de observar tus pensamientos, tus ideas, tus emociones, tus sensaciones, tus proyecciones y tus percepciones, se abre un espacio en ti desde el que puedes ver que no son más que interpretaciones, o como diría mi amigo Mariano, que es facilitador de algo que no acabo de comprender muy bien pero que se llama *Access Consciousness*,[98] son «interesantes puntos de vista» que no son para nada reales, sino simple y llanamente, puntos de vista. Y cuando te permites ser consciente de eso, puedes darte cuenta de que no eres lo que piensas que eres y de que, simplemente, no tienes ni idea de lo que eres, de lo que son las cosas ni de lo que haces aquí. Y esa es la llave de acceso a tu totalidad. ¿Te das cuenta de lo que significa esto? ¿Puedes darte permiso para reconocer que, quizá (y solo quizá), has estado equivocado acerca de lo que eres y acerca de todo lo que pareces experimentar?

Esta peli en la que pareces andar metido es el camino que te conduce, por decirlo de alguna manera, de vuelta a casa. De vuelta a ti mismo, a tu realidad esencial. Sin ella no podrías darte cuenta de que la causa de todo está en tu mente y de que ahí es el único lugar en donde tiene sentido verdadero hacer algo. Todo el tiempo estás buscándote a ti y relacionándote contigo, pues tú eres todo lo que hay. Y si esto es así, entonces la búsqueda que más sentido tiene es la que se refiere a la autoindagación.

98. Soy incapaz de explicártelo. Si te pica la curiosidad… ¡googlea!

La única manera en que puedes conocerte y conocer la realidad es mediante la experiencia de darte cuenta de que tú mismo eres la realidad.

(Y no, no me he fumado nada).

¿Puedes permitirte abrirte a la experiencia de lo que estás siendo en este momento? ¿Puedes abrirte a la experiencia de descubrirte en cada momento? Eso parece asustarte mucho, porque reconocer que no eres nada de lo que te cuentas que eres, sino que eres la vida misma expresándose a través de tu experiencia parece que da mucho miedo. Lo sé. Pero date cuenta de que todo lo que has intentado hasta ahora para ser feliz... no ha funcionado.

¿Por qué no abrirte a la posibilidad y a la experiencia de que esto que te cuento, y que puede estar pareciéndote una auténtica chaladura, pudiera ser así? Total... ¿Tienes algo que perder?

UN EXPEDIENTE X CON GAFAS DE COLOR DE ROSA

Supongo que a estas alturas ya te habré taladrado lo suficiente como para que, por lo menos, tengas dudas acerca de la autoría de todo lo que pareces experimentar mientras andas identificado con lo que parece suceder en la peli de tu vida. Te parece ver un mundo que está constantemente haciéndote de todo, pero como ya hemos visto, el mundo no te está haciendo nada, igual que tampoco te hacen nada el resto de los personajes que aparecen en la peli que protagonizas. Estás viéndote a ti todo el tiempo, pues en realidad no hay nada más que puedas ver. Todo lo que ves es una proyección de tu mente, tus pensamientos, por tanto, todo el tiempo ves lo que hay en ella. Todo lo que parece existir ahí fuera, en la pantalla del mundo, no es más que una proyección de tu mente.

Obviamente, no sueles verlo así. Lo que sueles ver es un mundo que parece estar en conflicto continuo contigo y con el que tú también pareces estar en conflicto, pues te opones a un montón de cosas que parecen suceder en él. Has olvidado que tu culpabilidad inconsciente, tus miedos no atendidos, tu odio, tu ira, tus pensamientos de ataque y defensa (que son lo mismo) y todo aquello que forma parte de ti y de tu experiencia, pero que juzgas como indeseable y, por consiguiente, tratas de negar, es lo que hace que tengas esa percepción del mundo. Todo lo que no atiendes en ti, acabas proyectándolo en la pantalla del mundo y es lo que determina la forma en que te experimentas como personaje principal de tu peli.

Inconscientemente, elegiste ocultar todo esto a tu memoria, y pareces haberlo olvidado, convirtiendo tu experiencia en algo parecido a un Expediente X:[99] no sabes quién eres, no sabes qué haces aquí, no sabes para qué te pasa lo que parece que te pasa ni qué sentido tienen las relaciones que pareces establecer mientras estás dándote un garbeo por aquí. Y lejos de ser consciente de que no tienes ni idea de nada y de darte permiso para, tan solo, experimentarte y descubrirte a través de la experiencia misma, lo que haces es fabricar un montón de conceptos a través de los cuales tratas de darte una explicación a todo lo que piensas que no sabes. Literalmente, te lo inventas y lo das por bueno.

Y, basándote en esa invención, interpretas todo lo que parece sucederte, restringiendo tu experiencia a los límites que tú mismo le has interpuesto mentalmente. Como ves, una bonita forma de complicarte la existencia. Hay algo que digo muchas veces en las formaciones que doy: hacemos que lo difícil, que es conceptualizarlo todo para tratar de darle un sentido e interpretar absolutamente todo lo que parece sucedernos, nos parezca lo fácil. Y de lo que sería más fácil, que sería abrirnos a la experiencia tal como es, sin necesidad de

99. Título en español de la exitosa serie de televisión de ciencia ficción norteamericana *The X-Files*, que se estrenó en 1993 y cuyo último episodio se emitió en 2018. Sí, la de Mulder y Scully. Y sí, son quince años.

interpretarla, sin tener que filtrarlo todo y simplemente abrirnos a experimentar, hacemos lo difícil. El mundo al revés.

Imagínate que el prota principal de tu peli llevara puestas unas gafas con los cristales de color rosa. Un buen día, del que ni siquiera te acuerdas, decidiste fabricarlas y ponértelas permanentemente. Esas gafas, como intuirás, añaden un filtro a todo lo que ves. Lo distorsionan, pues no ves las cosas como son, sino tal como el filtro de las gafas refleja. Pero te has olvidado de que las llevas puestas, y piensas que lo que ves a través de esas gafas no está filtrado. Podríamos decir que el cristal rosa de las gafas son todos los conceptos que tú mismo has fabricado acerca de lo que eres, que a su vez determinan lo que es el mundo para ti y también las cosas que parecen suceder en él. Y la montura en la que están revestidos los cristales es una montura de miedo, resultado de tu creencia en la separación. Sin duda, tan solo pareces llevar esas gafas mientras andas identificado a tope con tu personaje. Y eso no está ni bien ni mal. Simplemente llevar puestas las gafas 24/7 parece que es intrínseco a la experiencia, aunque no lo sea.

No obstante, ahora que quizá estés empezando a ser consciente de que llevas puestas esas lupas, de su composición y, sobre todo, de que estás inmerso en una peli e identificado con lo que parece suceder en ella, puedes empezar a abrirte a la posibilidad de haber estado equivocado acerca de lo que eres y de lo que es el mundo. Ya sabes, las pelis son ficción, ilusorias. De hecho, puedes empezar a abrirte a la posibilidad de considerar que hay otra forma de ver. Porque sí, mi querido amigo, siempre hay otra forma de ver. Recuerda que fuiste tú quien fabricó esas gafas, quien decidió ponérselas y quien optó por creerse todo lo que ves a través de ellas, olvidándote de que todo está en tu mente.

Cuando el rosa tiende a transparente

En la metáfora de las gafas que estoy utilizando, como hemos visto, los cristales rosas vendrían a ser todos los conceptos que tú te cuentas y a través de los cuales tratas de darle una explicación a lo que eres y a lo que te parece que experimentas como actor principal de tu propia peli. A través de ellos interpretas todo lo que te parece que percibes, pero has olvidado ese pequeño detalle y piensas que lo que ves a través de esos cristales es tu realidad. Eso no está ni bien ni mal, pero convierte tu experiencia en una experiencia de sufrimiento. Digamos que es lo que hace que te parezca estar protagonizando una peli en la que siempre te falta algo y nunca estás feliz. Has olvidado que los cristales son rosas y piensas que son transparentes. Y has olvidado que la montura está fabricada con unas cuantas toneladas de miedo.

El simple hecho de ser consciente de que estás filtrando todo a través de los cristales rosas que tú mismo has fabricado ya es, *per se*, otra forma de ver, pues te permite poner la atención en el lugar del cual surge todo lo que crees que te pasa: tu mente. Obsérvalo. Cualquier cosa que parece que te sucede en tu experiencia es una proyección inconsciente de tu mente que tú percibes como algo externo a ti y que parece que te sucede sin que tú tengas nada que ver con ello. Al ser plenamente consciente de esto, se produce en tu forma de ver la experiencia un pequeño movimiento: dejas de culpar al mundo (y al resto de los personajes que coprotagonizan tu peli contigo) de todo lo que aparentemente te sucede, para saberte el responsable único de la forma en que percibes tu experiencia. Ahí es cuando el rosa tiende a transparente. Como ya te comenté, tú no creas tu experiencia, pero sí eliges cómo quieres verla. Y ahí entramos en otro aspecto muy curioso de observar: el tema de las elecciones, y no me refiero a esas en que te invitan a ir a votar.

Siempre hay otra manera de ver las cosas. De hecho, como estamos viendo, puedes elegir ver el mundo de otra manera, pues puedes elegir no creerte lo que ves a través del filtro rosa de los cristales de las gafas que un día, sin ser plenamente consciente de ello, decidiste ponerte. Y esa, mi querido camarada, es la única elección real que puedes hacer. Vale, ahora me podrías decir que tú eres un ser libre para elegir entre infinidad de cosas. Y eso por supuesto parece ser así mientras andas identificado con tu personaje. Pareces elegir estudiar una cosa u otra, tener pareja o no tenerla, vivir en un lugar u otro, salir a pasear o quedarte en casa, creer en Dios o no creer, ir a cenar a casa de tu suegra o no ir, y así un largo etcétera. OK, todo eso son elecciones que, aparentemente, puedes tomar por ti mismo. Ahora bien, permíteme invitarte a ver esto desde otra perspectiva.

Siempre hay otra manera de ver las cosas.

Si todo lo que he estado contándote hasta ahora te parece coherente y te abres a la posibilidad de que sea así, enseguida podrás darte cuenta de que tu aparente libertad de elección puede ser que no sea tan libre. Voy a ver si puedo explicarte esto. Tus elecciones siempre, siempre y siempre están supeditadas a un montón de conceptos mentales, esos mismos conceptos mentales que has fabricado tú solito y que utilizas para darte un montón de explicaciones acerca de lo que eres y de lo que es el mundo. Obviamente, la gran mayoría de esos conceptos están en tu subconsciente, por tanto, no te percatas de ellos. Eso serían los cristales rosas, vamos. Por consiguiente, todas esas elecciones que crees que tomas libremente, en realidad no las tomas libremente, pues siempre están sometidas a tus propios conceptos mentales inconscientes, que son los que te empujan a elegir una cosa u otra.

Voy a ver si puedo poner un ejemplo que me sirva para reflejar el punto de vista que quiero transmitirte.

Supón que tienes pareja. Da igual si la tienes o no, tan solo te estoy proponiendo un ejercicio de imaginación. Imagina que es la típica relación de pareja cerrada, en que en vuestro contrato de intercambio habéis decidido que ninguno de los dos integrantes de la pareja va a tener relaciones íntimas con otras personas, pues tenéis la creencia de que no se debe tener sexo con otra persona cuando tienes pareja. De repente, un día conoces a alguien por quien sientes una atracción brutal. Parecéis entenderos a la perfección, os reís un montón juntos y cada vez que te roza se te eriza la piel. Un buen día, te das cuenta de que, si permites que la relación siga fluyendo con total libertad, siendo tal como está siendo sin coartarla mentalmente, vas a acabar reventando algún somier con esa persona. Es obvio que eso no tendría por qué significar que no quieras estar con tu pareja, solo significaría que te gustaría relacionarte íntimamente con otra persona en un momento determinado. Frente a eso, ejerces tu «libertad de elección» y decides cortar el rollo con esa tercera persona. Está claro que no estás decidiendo libremente. Es tu creencia, a través de la que te dices que no se debe tener sexo con terceras personas cuando tienes pareja, la que está tomando la decisión por ti, porque si esa creencia no existiera en ti, podrías sentirte libre de acostarte con ella sin ningún tipo de problema. Tu creencia, que viene acompañada de tu querida amiga, la culpabilidad, y tu querido amigo, el miedo, no te permiten elegir con libertad.

Vamos a girarlo. Imagínate que es tu pareja, con la que mantienes esa relación cerrada, la que te plantea, un buen día, que tiene ganas de acostarse con otra persona. Tu creencia a través de la que te cuentas que no se debe tener sexo con otra persona cuando tienes pareja te haría imposible comprender que tu pareja quiera pasar una noche de sexo loco y desenfreno con otra persona sin que ello implique que no quiere seguir teniendo una relación contigo. Pudiera ser que lo único que quiere tu pareja es darle una alegría a su cuerpo, sin más. Pero tu creencia, que en este caso vendría acompañada de su amiga, la inseguridad, y de su amigo, el miedo, te impedirían elegir libremente quedarte tan pichi (o hasta alegrarte) si tu pareja fuera libre de hacer lo que le apetece hacer. ¿Puedes ver esto?

En tu peli no estás eligiendo en total libertad nunca, pues tus elecciones siempre están sometidas a creencias inconscientes, a conceptos que tú mismo has fabricado sin darte ni cuenta, a pensamientos con los que te identificas y a través de los cuales te dices cómo deben ser las cosas, etcétera. Y, por encima de todo esto, el gran colofón viene cuando caes en que tus elecciones siempre están sometidas al resultado que esperas obtener de ellas. ¡Imagínate si son poco libres! Además, date cuenta. Por debajo de tus aparentemente libres elecciones, siempre hay un montón de miedo. Si te paras a verlo, la peli de tu vida parece ser una peli de miedo, por tanto, ¿de qué van a estar impregnadas todas tus elecciones?

Tus elecciones siempre están sometidas a creencias inconscientes.

Desde esta perspectiva, pudiera ser que el rollo del libre albedrío fuera más un concepto *new age* (postureo del bueno) que algo de lo que disfrutes realmente. Y eso, lejos de lo que puedas interpretar, es una gran liberación.

Y aquí es donde se plantea un buen temita..., ¿puedes cuestionar tu aparente libertad de elección para darte cuenta de que, en realidad, no eliges nada libremente? ¿Puedes darte cuenta de que, elijas lo que elijas, y aunque esté muy condicionado por tu subconsciente, siempre es lo que debes elegir y que, por eso, no importa una mierda lo que parezcas elegir? Eliges para hacerte consciente de ti mismo en función de tus elecciones, no para obtener un determinado resultado de ellas. Es solo tu oposición a determinados aspectos de la experiencia lo que te hace considerar que hay elecciones correctas y elecciones incorrectas. Pero no, querido amigo, nunca hay elecciones correctas ni incorrectas, simplemente hay elecciones, y lo único que hacen es hablarte de ti. De nuevo, se trata de ser consciente de que el rosa siempre puede tender a transparente si te propones utilizarlo para hacer autoindagación.

Eliges para hacerte consciente de ti mismo en función de tus elecciones, no para obtener un determinado resultado de ellas.

Además, fíjate. Pensar que tienes libertad de elección te hace sentirte muy culpable. Juzgas tus decisiones basándote en sus resultados, y cuando el resultado de tu aparente decisión no es el esperado, te culpas por haber tomado esa decisión y no otra. Un maravilloso despropósito.

¿Puedes, entonces, permitirte usar la experiencia para conocer todos esos conceptos que tú mismo has fabricado, que mandaste a tu inconsciente y que son los que te separan de la experiencia tal como es? Porque si puedes permitírtelo... ¡Enhorabuena! Estás empezando a ver de otra manera, aunque sea dentro de una peli.

De hecho, como la peli es lo que consideras como tu única realidad, es lo único que puedes utilizar para desmontarla y permitir que lo que eres esencialmente pueda empezar a manifestarse en ti. Lo que eres esencialmente ya lo eres y nunca has dejado de serlo. Lo que pasa es que has levantado tantos conceptos por encima de ello, que no puedes ser consciente de ello ni permitirle manifestarse.

Esto es la hostia

Como estamos viendo, entonces, lo de elegir libremente es un concepto muy bonito en el que creer, pero dista mucho de lo que parece suceder. Tus elecciones son presas de la información inconsciente que pareces almacenar mientras te identificas con el actor principal de tu propia peli. De hecho, dicen que esa información inconsciente ocupa alrededor del 95 por ciento de toda la información que almacenas, dejando esa información de la que sí pareces ser consciente en un pequeño 5 por ciento. ¿Cómo lo ves?

Por tanto, cuanto más consciente te haces de ese 95 por ciento de información inconsciente que albergas sin darte cuenta, menos va a estar dirigiendo tu experiencia sin que tú te enteres. Llevo unos cuantos capítulos hablándote de esto mismo, tratando de verlo desde diferentes ángulos. Y, como te estoy comentando, todo en tu experiencia está diseñado para que puedas hacerte consciente de ti mismo, de todos esos aspectos que forman parte de tu totalidad, y que un día mandaste a los confines de tu inconsciente porque los juzgaste como indeseables para ti. Tu experiencia es una invitación constante a volver a casa, a volver a ti y reconocerte como un ser completo que forma parte del todo y en el que el todo está incluido.

Ver así tu experiencia, ya supone otra forma de ver y transforma completamente la manera en que vives la experiencia. Además, te permite algo maravilloso, pues puedes ser consciente de que la única elección que parece tener sentido aquí es entre identificarte con la peli de tu vida y todo lo que parece sucederte en ella, o no hacerlo. Y como ya hemos visto que tu peli parece ser una peli de miedo, podríamos decir entonces que la elección está entre vivir una experiencia de miedo o una experiencia de amor, que es de lo que, esencialmente, está compuesta la experiencia más allá de todos los conceptos con los que la disfrazas.

Te lanzo un par de preguntas. No para que las contestes

con un sí o un no, sino para que, si te apetece, te regales unos minutos reflexionando sobre ellas:

- ¿Puedes ver que lo único que hace que no puedas experimentar la experiencia total de amor que se te ha regalado son todos los conceptos que has interpuesto entre tú y el Amor?
- ¿Te das cuenta de que lo único que, en cualquier caso, puedes hacer es ser consciente de todos esos conceptos para integrarlos en ti y que no te alejen más del Amor que creó tu experiencia y que subyace a todo lo que aparenta haber en ella?

Esto sería, siguiendo con la metáfora de las gafas, ser consciente de la montura de miedo con que fabricaste las gafas que llevas puestas. Ser consciente de las lupas rosas ya supone otra forma de ver la experiencia, pero elegir no creerte la experiencia de miedo que tú has fabricado significa quitarte la montura de las gafas y, por tanto, quitarte las gafas de miedo para ser consciente del amor. Y eso es la hostia.

Cuando te das cuenta de que la experiencia es de puta madre para experimentarte, para comprobar, para conocer y reconocerte, para experimentarla al cien por cien, con todo lo que tiene, pero no para creértela, la forma en que la experimentas se transforma radicalmente. Desde la raíz. Ya sabes que no soy mucho de abordar los «cómo», pero cuando te parezca verlo todo más negro que el sobaco de un grillo, recuérdate a ti mismo que lo que crees que te pasa es tan solo tu interpretación, una propuesta que te haces, tu punto de vista condicionado por un montón de conceptos que tú mismo has fabricado. Y sé consciente de que hay otra forma de ver, y que tan solo tienes que pedirle a esa parte de tu mente que es consciente de todo lo que te estoy contando que te muestre esa otra forma de ver.

Lo que crees que te pasa es tan solo tu interpretación, una propuesta que te haces, tu punto de vista condicionado.

Darte cuenta de que todo el tiempo te estás viendo a ti mismo te permite ser consciente de que, en realidad, no hay nadie más ahí fuera, pues tú eres todo lo que ves. Desde ese lugar, puedes reconocer que eres tú el que se está haciendo todo el tiempo y puedes elegir de nuevo: puedes elegir no creerte esa vocecita en tu interior que te dice que esta peli es tu única realidad y abrirte a ser consciente de que lo que experimentas no es más que el resultado de la proyección de tu mente. Y desde ahí, desde esa conciencia, puedes renunciar a ser tu propio maestro y aceptar que, en cualquier caso, la vida en sí misma es tu maestra.

Eso significa empezar a dejar de tenerle miedo al mundo, pues te das cuenta de que eres tú mismo quien lo inventó. Por tanto, deshacer tu creencia en la separación, que es la madre de todo tu sufrimiento, es algo que sucede a nivel mental, eligiendo ver de otra manera y no tratando de cambiar nada en la pantalla del mundo, sino más bien utilizando lo que te parece ver, a través de lo que entiendes como el ahí fuera, para hacer autoindagación. Y de esa manera, es como sucede el milagro.

Tu creencia en la separación tiene un antídoto, y se llama

unidad. Te lo recuerdo por enésima vez: no ves nada que no seas tú en tu pareja, en tu hermano, en tu amigo, en tu compañero de trabajo, en tu jefe o en la vecina del tercero, pues todos ellos y tú sois una misma cosa que se expresa a través de aparentes distintas formas físicas por el puro placer de experimentarse a sí misma. Veremos esto un poco más adelante.

Déjame inyectarle al tema un poco de *hype*,[100] ¿no?

100. Diminutivo del término inglés *hyperbole*. Popularmente, vendría a ser como generar expectativa acerca de algo.

¿LO VAS PILLANDO?

Si fueras consciente de lo simple que es, en realidad, que el *creepy*[101] show de la peli de tu vida se convierta en un *lovely*[102] show, otro gallo cantaría. Y digo «simple», que no tiene por qué significar «fácil». Pues eso, que si fueras consciente de lo simple que es, tu experiencia en tu peli no variaría en absolutamente nada, pero sí cambiaría por completo la forma en que la vives. Es decir, la experiencia en sí misma y lo que parece sucederte en ella no cambiarían, pues el guion ya está escrito y tú tan solo estás interpretando un papel en ella. Seguirías interpretando tu papel, pero la manera en que lo experimentarías sería totalmente distinta.

Como te comentaba en el capítulo anterior, sin ser conscientes de ello, los seres humanos tendemos a hacer de lo difícil (que es fabricar un montón de conceptos acerca de lo que somos y de cómo debiera ser nuestra experiencia, emitiendo juicios acerca de todo una y otra vez) lo fácil. Y de lo fácil (que es simplemente abrirnos a la experiencia tal como es sin conceptualizarla ni tener que juzgarla todo el tiempo) lo difí-

101. Siniestro.
102. Amoroso.

cil. De esta forma, nos complicamos un montón la experiencia y, además, lo que solemos conseguir es discutir todo el tiempo con nosotros mismos y, por tanto, con todo lo que proyectamos en la pantalla del mundo y que percibimos como algo externo a nosotros.

Porque obsérvalo tan honestamente como puedas permitirte: te la pasas discutiendo con el mundo. Cuando la experiencia parece ajustarse a lo que tú juzgas como deseable, todo OK. Pero cuando la experiencia parece no ajustarse a lo que a tú consideras deseable, te discutes con ella. Y eso es, precisamente, lo que te genera montones de sufrimiento y malos rollos. No es la experiencia en sí ni lo que parece suceder en ella lo que te pone de vuelta y media, sino tu oposición a ella y a lo que conlleva. Es decir, son tus propios pensamientos, en realidad, los que te hacen rayarte y andar continuamente discutiendo con tu experiencia.

Esto no está ni bien ni mal, ya sabes. Y es que todo lo que parece suceder en tu propia peli ocurre tal como ha de ocurrir, incluido tu sufrimiento, tus malos rollos, los cabreos que te pillas y que te pongas de vuelta y media con el mundo. Ya te lo he dicho muchas veces, pero tu experiencia lo incluye todo, pues es una experiencia total. El asunto está en que también sueles oponerte al sufrimiento, al cabreo y al mal rollo. Y esto también es de tripi. Fabricas un montón de sufrimiento, de forma inconsciente, al entrar en oposición con tu experiencia y, automáticamente y también sin darte cuenta, te opones a ese sufrimiento y a ese mal rollo que tú mismo has fabricado. ¿Te das cuenta de lo friki del asunto?

Todo lo que parece suceder en tu propia peli ocurre tal como ha de ocurrir.

Entonces, vas añadiendo capas y capas de oposición en formato conceptos (ya sabes, toda la experiencia es puramente conceptual) sin darte ni cuenta. Y está genial que, por lo menos, puedas ser consciente de ello para poder empezar a ver y, por tanto, a experimentar, de otra manera. Mientras no tengas grabado a fuego en ti que todo lo que pareces experimentar no es más que una peli, una ilusión, ficción pura y dura y que, por consiguiente, no es tu realidad esencial, tendrás que ir observándote en la experiencia. Que para eso está. Al hacerlo, al hacerte más consciente, se irán deshaciendo muchos de los conceptos que no te permiten tener una experiencia de paz y podrás empezar a permitirte verla y experimentarla de otra manera. Si te fijas, es de esto de lo que te estoy hablando todo el rato desde que empezaste a leer estos puntos de vista tan radicales (referentes a la raíz) que te estoy planteando.

Utilizando de nuevo la metáfora del cine que usé en el capítulo 1, y que es el punto de vista central alrededor del cual giran el resto de los conceptos que estoy tratando de observar contigo a lo largo de todas estas páginas, es como si el espectador que va al cine y está sentado en la butaca viendo la peli (el tomador de decisiones), pudiera ir haciéndose consciente de que se ha estado identificando a saco con el personaje de la peli, que no es más que un personaje que parece estar teniendo una experiencia en la peli proyectada sobre una pantalla (el mundo), pero cuyo personaje no es él, sino que es la mente (el proyector), que proyecta la peli en la pantalla. ¿Lo vas pillando?

El *pescao* ya está vendido

Como toda peli que se precie, el inicio, el planteamiento, el nudo y el desenlace, así como el guion, los personajes y todo el atrezo, están predefinidos. Y en tu experiencia, interpretando la tuya propia, no iba a ser de otra forma. A esto algunos le llaman destino. Pero a mí, personalmente, me gusta más llamarle «el *pescao* ya está vendido». Y bien servido.

Es obvio que esto tan solo es un concepto, como todo acerca de lo que te estoy hablando hasta ahora. Pero es un concepto muy interesante, porque apunta a un lugar distinto al que estás acostumbrado a mirar. Y es que si, tal como te estoy sugiriendo, el *pescao* ya está vendido, eso quiere decir que todo pasa tal como ha de pasar, independientemente de lo que parezcas hacer o no hacer mientras andas por aquí. Además, lo que parezcas hacer o no hacer también estaría incluido dentro de ese *pescao* vendido, sin importar cuáles sean tus proyecciones, tus deseos, tus manipulaciones, tus engaños, tus relaciones, etcétera. Hay algo bien cierto, y en muchos de los cursos que imparto lo digo: todo es perfecto tal como es. Por mucho que te cueste creerlo. O aceptarlo.

Todo es perfecto tal como es. Por mucho que te cueste creerlo. O aceptarlo.

Sé que, para ti, abrirte a la posibilidad de que esto sea así puede suponer un buen flashazo, porque pone sobre la mesa la posibilidad de que, en realidad, nunca deberías estar haciendo nada distinto a lo que estás haciendo y nunca nada ni nadie debería ser distinto a como está siendo. Y esto es un buen reventón cerebral. Pero quiero que observemos esto juntos, porque me parece un concepto de lo más top.

Que me compraras el punto de vista de que el *pescao* ya está vendido implicaría que gran parte de la culpabilidad que arrastras, sin ni enterarte, se esfumaría. Si el guion de la peli ya está escrito, y todo es todo el tiempo como ha de ser, querría decir que, por mucho que te joda, nada de lo que parece suceder está en tus manos ni eres tú quien lo determina. ¿Te das cuenta de la gran libertad que eso implica? ¿Eres consciente del regalazo que te harías si estuvieras seguro de que, hagas lo que hagas, y aunque no lo hagas, siempre estás haciendo o no haciendo lo que has de hacer o no hacer?

Este concepto, punto de vista, perspectiva o como prefieras llamarle, apunta a algo que ya te he comentado varias veces, pero que voy a repetirte de nuevo. Ya ves, me gusta repetirle las cosas a esa parte de tu mente que ya sabe acerca de lo que te estoy contando, pero que parece ser que se ha olvidado. Al lugar al que apunta es tan radical como esencial en ti, y es que te permite abrirte a la posibilidad de reencontrarte con tu Ser, que no es más que consciencia pura, la vida, que se expresa en aparentes distintas formas físicas (como tú) por el puro placer de experimentarse y que siempre se expresa tal como ha de expresarse, sin que tú, como expresión, tengas mucho que ver en ello. Desde este lugar, puedes ser consciente de que eso que entiendes como «yo», es ese yo separado al que ya me he referido en muchas ocasiones y con el que te identificas, pero que no es más que un personaje interpretando un papel y para nada es tu única realidad. De hecho, no es tu realidad en absoluto, aunque como sigues identificado con ella, seré amable y, por el momento, diré que no es tu única realidad.

Como ves, todo el tiempo estoy tratando de retar a esa parte de ti que se identifica con ese personaje y con todo lo que parece sucederle. Voy a ver si puedo ponerte un ejemplo para tratar de quitarle un poco de abstracción al asunto. Imagínate que estás soltero y que tienes la creencia de que tu felicidad pasa por estar en pareja. Desde ese momento, piensas que la pieza que le falta a tu puzle es la pareja. Eso tan solo es lo que tú te cuentas, pues en realidad la pieza del puzle que parece faltarte eres tú. Pero no eres consciente de ello, y entonces proyectas que lo que te falta es una pareja. Empiezas a hacer un montón de cosas para ver si encuentras esa ansiada pareja: estás *on fire* en Grindr, Tinder y demás apps para conocer gente, tienes un montón de citas, sales cada fin de semana para ver si conoces gente, buscas amigos de amigos que puedan ser potenciales futuribles, etcétera. Vamos, que te la pasas buscando y haciendo todo lo que tú crees que está en tu mano para encontrar pareja. Empiezas a sentirte desanimado porque no hay manera de encontrar pareja. Nadie te cuadra, y comienzas a decirte que es que hay que ver cómo es la gente, que nadie vale la pena, etcétera. Te frustras, pues ves que todos tus intentos parecen ser en vano y no vas a ser feliz nunca sin pareja. Entonces, un día quedas conmigo para tomar unas cañas y me cuentas tu película. Y yo te digo algo así: «Que encuentres pareja o no, no depende de ti. Si has de encontrar pareja, la encontrarás. Si no, no. Por mucho que hagas o dejes de hacer. Además, en el mientras tanto, te estás privando de disfrutar de tu soltería plenamente, te estás privando de disfrutar de tu experiencia, tal como está siendo, queriendo que sea de otra manera. Deja de buscar y ponte a disfrutar. Y si ha de llegar alguien, llegará, independientemente de lo que hagas o no hagas. Y si no ha de llegar, pues no llegará, también sin importar lo que hagas o no». ¿A que te caería fatal en ese momento? Claro, estaría confrontando tu sistema de pensamiento y todo lo que se desprende de él. Y eso no suele gustarnos.

Pues bien, eso es lo que estoy intentando en este capítulo. Caerte fatal. Retar a tu sistema de pensamiento, quitarte la responsabilidad que tú solito te has atribuido sobre tu experiencia y plantearte un punto de vista mucho más relajante, liberador y que te permitirá transitar esta experiencia mucho más ligero de equipaje. Estoy tratando de invitarte a aceptar la experiencia tal como está siendo, sin resistirte a ella ni queriendo que sea de otra forma a como ya está siendo. Sería algo así como «hagas lo que hagas, ponte bragas». No, es coña. Quiero decir que, da igual lo que hagas o lo que no hagas, pues las cosas serán o no serán y no depende de ti. Por tanto...

¿Por qué no soltar tus expectativas acerca de cómo han de ser las cosas para poder disfrutar de las cosas tal como están siendo?

El nuevo *prêt-à-porter*

Que el *pescao* ya esté vendido no quiere decir que no tengas que hacer nada. De nuevo, aceptar este concepto y ponerte a experimentar desde ahí no va a cambiar lo que parece que te sucede en tu experiencia. Simplemente te permitirá vivirla de otra manera. Y eso, querido, es mucho, porque puede significar varias cosas:

1. Ya no tienes que preocuparte por el resultado de las cosas que hagas. Puedes hacer lo que tengas que hacer, echándole todo lo que tengas que echarle, pero sin quedarte enganchado al resultado. Puedes permitirte hacer lo que te plazca de la manera que te plazca, y disfrutarlo tanto como puedas, pues lo que hagas siempre es lo que se supone que has de hacer. Pero puedes hacerlo sabiendo que, finalmente, el resultado no va a depender de ti. Si lo que quieres conseguir con lo que haces sucede, así había de ser. Y si no sucede, así había de ser también. Forma parte del plan perfecto que la vida tiene para ti mientras estás experimentándote en tu propia peli. Cuando dejas de juzgar ese plan perfecto que la vida tiene para ti, puedes empezar a percibirlo como perfecto.

   Nunca tienes que hacer nada distinto de lo que estás haciendo. Por tanto, no tienes que hacer nada más que experimentarte en tu experiencia.

   Puedes dejar de juzgar todo lo que parece que te sucede, pues hacer juicios pierde todo el sentido cuando tienes clarinete que todo, sea como sea que esté siendo, es perfecto tal como está siendo. Desaparece la necesidad de quejarte cuando las cosas parecen que no son como tú tenías en tu cabeza y se abre un espacio en donde la aceptación máxima de todo es lo que se lleva. Puedes hacer de la aceptación total de todo, tal como es, tu nuevo *prêt-à-porter*.
2. Además, empiezas a quitarte mochilas en formato resistencia, lo que significa que dejas, automáticamente, de oponerte a la experiencia. La experiencia siempre es

perfecta tal como es, por mucho que te encabezones en creer que, si fuera de otra manera, estarías «mejor» o serías más feliz. Y si hay algo que no puedes aceptar así de primeras porque te genera muchas resistencias aceptarlo..., ¿puedes aceptar las resistencias que aparecen, atenderlas, sostenerlas y echar un ratillo con ellas? Dejar de oponerte a lo que está siendo también implica dejar de oponerte cuando te resistes a algo. Aceptar tus resistencias, dándoles la bienvenida, y transitar las emociones que vienen con esas resistencias, es el paso previo para poder aceptar aquello a lo que te resistes. De hecho, si aceptas las resistencias, dejas de resistirte. ¿Puedes ver esto?

3. Asimismo, ya no necesitas seguir buscando ese concepto que te has inventado al que llamas «felicidad». Cuando te rindes a la experiencia, cuando te rindes a lo que está siendo en cada momento y dejas de oponerte a las cosas tal como son, estás abriéndole la puerta a la felicidad verdadera que, lejos de lo que puedas pensar, te viene de serie. Sí, es así de simple. Y entonces puedes, también, darte cuenta de otra cosa. Y es que buscar la felicidad es lo que te aleja de ella. Buscar la felicidad siempre implica un estado de carencia, pues supone que de otra forma a como estás ahora, estarías más feliz. Y eso es algo parecido a estar metido en una de esas ruedecitas en que se meten los hámsteres. Por más que corran, nunca salen de ahí. Obsérvalo. Siempre hay en ti un pensamiento que te dice algo así como: «Cuando pase X, seré feliz». Y eso, amigo mío, no funciona así. La felicidad es tu estado más natural y primario, y facilitas que

pueda manifestarse cuando dejas de buscarla y te rindes a la experiencia tal como es, sin necesidad de querer cambiarla. ¿Habías visto esto así antes? Qué concepto tan simple, y lo que cuesta ponerlo en práctica…

4. Cuando te permites vivir sabiendo que todo es perfecto tal como es, la necesidad de control desaparece. Ya no hay nada que necesites controlar, pues sabes que todo sucede tal como ha de suceder, con independencia de ti. Por tanto, puedes darte cuenta de que el control no sirve absolutamente de nada. De esa forma, abres un espacio en ti a la confianza total en la vida, pues además sabes que el guion ya está escrito y que tú tan solo estás haciendo siempre lo que has de hacer. Por consiguiente, las cosas también son siempre como han de ser. Y eso se llama confianza.
5. Y, por último, cuando tienes clarisísimo que el *pescao* ya está vendido, puedes ser consciente de algo que te he repetido hasta la saciedad, y es que el mundo nunca te está haciendo nada. Es tan solo tu interpretación conceptual de lo que pasa la que te hace percibir que el mundo está en tu contra. Cuando aceptas la experiencia tal como es, diciéndole sí a todo lo que parece sucederte y te rindes a ella, puedes darte cuenta de que ya no necesitas defenderte de nada en absoluto. Todo el sistema de defensas, convertidas muchas veces en ataques, que emergen de los tropecientos conceptos que fabricas acerca de cómo deberían ser las cosas y de cómo deberían ser los personajes que aparecen en la peli de tu vida, desaparecen cuando sabes que todo es perfecto tal como es. Y entonces, además, puedes ver

> claramente que las defensas siempre dan lugar a aquello de lo que tratan de defender.

Una buena vuelta de tuerca, ¿eh?

Menudo cuento chino

Obsérvalo. ¿No te ha pasado nunca algo que, cuando ocurre, lo juzgas y dices: «Menuda mierder, esto es lo peor que podría sucederme», pero que luego ha resultado ser lo mejor que podría haberte ocurrido, porque gracias a eso ha pasado algo que luego ha sido maravilloso y que, sin que aquello tan «terrible» hubiera tenido lugar, no habría sucedido? Y al revés, algo que te había parecido lo mejor que podría pasarte y que luego resultó ser algo así como una pesadilla. No sé tú, pero yo he experimentado eso un montón de veces, y con historias muy *heavies*. Y cuando te pasa, te das cuenta de que, en realidad, no tienes ni idea acerca de nada.

Voy a ponerte un ejemplo de mi propia experiencia para tratar de aclarar esto un poco más. Hace unos años, mi madre falleció tras un proceso de enfermedad. Murió relativamente joven, con cuarenta y nueve años. Por aquellas yo tenía treinta y dos años y mis hermanos tenían dieciséis y diecisiete, respectivamente. En aquel momento, todos pensábamos que aquello era lo peor que nos podía pasar. Mi madre era muy matriarca. En el más amplio sentido de la palabra. Vamos, que era la que partía el bacalao. Siempre, sin que ninguno de nosotros nos planteáramos cuestionarlo siquiera. Cuando falleció, estábamos los tres más perdidos que un pulpo en un garaje. Y estuvimos así una buena temporadita. De repente, un día fui consciente de que mi madre se había ido porque así tenía que ser. Entendí que era su bonita forma de liberarnos, a mis hermanos y a mí, para que pudiéramos empezar a encontrarnos a nosotros mismos. ¡Y vaya si empezamos a encontrarnos! Cada uno, a nuestra manera, necesitábamos esa liberación. No quiero hablar de la experiencia de mis hermanos, pues es suya, pero diré que yo, por mi parte, pude empezar a darme permiso para estar en contacto con el vacío que existe en mí y que nunca me había permitido atender. Y desde ese vacío, empecé a tomar conciencia de quién soy esencialmente, de qué es esta experiencia que parezco estar teniendo y de qué es lo que hago aquí. De hecho, que yo esté en este momento escribiendo todo esto está, en parte, motivado por eso. ¡Joder, no me digas que poder ver esto de esta manera no es una fantasía!

Y es que, por mucho que te cueste, puedes aceptarlo todo en este momento. Ahora mismo. Porque la aceptación no puede suceder en ningún otro momento que ahora.

La aceptación solamente puede suceder ahora.

Puedes aceptar tus pensamientos, tus emociones, todos los conceptos acerca de ti mismo y de cómo deberían ser las cosas. Puedes aceptar el sufrimiento, el dolor, la enfermedad. Puedes aceptarte tal como estás siendo en este momento, con todo lo que ello implica. Puedes aceptar a todos los demás tal como son en cada momento, incluyendo a tu vecino, ese que hace fiestas los jueves hasta las seis de la mañana. Y si no puedes aceptar algo, puedes aceptar que no lo estás aceptando. Eso es un estado de no resistencia. O lo que es lo mismo, es un estado de rendición. Y en la rendición, por muchos cuentos chinos que parezcan haberte contado, está la clave de la verdadera paz. Pero no trates de ponerla en práctica esperando obtener paz, pues eso sería ponerle condiciones a la rendición. Simplemente ríndete a lo que está siendo, sin expectativas de estar de otra manera a como ya estás. Ese, querido amigo, es un gran poder. Es el fin de la lucha. Es el principio de la paz. ¿Qué te parece?

Date cuenta. Cuanto más te opones a algo, más de ese algo generas. Volviendo al ejemplo que he utilizado antes, si no quieres estar soltero y te resistes a estarlo, más soltería creas porque te pones a luchar contra la soltería. Y eso no suele funcionar. Las defensas dan lugar a eso de lo que te tratas de defender, ¿recuerdas? Haz las paces con tu soltería, acéptala, ríndete a ella y date permiso a disfrutarla. Así, quizá, cuando estés feliz estando soltero, ya no necesitarás encontrar pareja. Y quizá, solo quizá, cuando no necesites encontrar pareja, la encontrarás si es que tienes que encontrarla. Buscar algo desde la carencia no suele servir de mucho. Sentirte abundante, con o sin pareja, es el quid de la cuestión. Y eso funciona con absolutamente todo. Nadie más que tú puede hacerte feliz. Ya sabes, ni siquiera hay nadie más ahí fuera.

¿Pudiera ser, entonces, que la felicidad tan ansiada y que tanto buscas mientras andas interpretando en tu peli no fuera resultado de satisfacer los deseos que fabricas, sino de tu capacidad de rendirte a la experiencia incondicionalmente tal como está siendo ahora mismo?

DINAMITA PA' LOS POLLOS

Mientras andas inmerso en tu propia historieta, creyéndote que eres ese yo separado del que te estoy hablando todo el rato, parece existir en ti un concepto muy curioso: el propósito. O los propósitos porque, al parecer, tienes muchos de ellos. El propósito, o los propósitos, en realidad no son nada más que conceptos fabricados por tu mente humana. Sueles creer que tener propósitos es algo «bueno», pues parecen marcarte una dirección y te mantienen entretenido todo el tiempo, construyendo planes para conseguirlos. Pero si te paras un poco a pensarlo, los propósitos, tal como los entiendes, son un poco dinamita pa' los pollos.[103] Déjame ver cómo te cuento esto. Y recuerda que, como todo lo que te estoy contando, esto tan solo es un punto de vista. Uno de esos radicales que para nada debes creerte, sino que, si te apetece, puedes abrirte a comprobarlos por ti mismo.

Como todo lo que estamos viendo, los propósitos también son simplemente conceptos fabricados por tu mente humana,

103. Guiño al grupo de música español de ese mismo nombre (Dinamita pa' los Pollos), que tuvo cierto éxito en la década de los ochenta. Joder, qué *boomer* parezco. Sin serlo, además. En fin...

el resultado de una construcción mental, de un sistema de pensamiento que parece que desarrollas desde tu identificación con tu personaje. Esto es, conceptos, conceptos y más conceptos. No es que tener propósitos sea nada bueno ni malo en sí mismo. El asunto está en que crees que en la consecución de tus propósitos radica tu plenitud. Por mucho que tu propia experiencia te diga que no es así. Y desde ese momento, te enganchas al resultado de tus propósitos. Crees que si los consigues, vas a estar «mejor», vas a sentirte más feliz. Pero si te das cuenta, cuando pareces conseguir alguno de esos propósitos, lo que suele suceder es que no te sientes genuinamente más feliz. Igual percibes algún sucedáneo de la felicidad cuando consigues alguno, pero si eres completamente sincero contigo mismo, te darás cuenta de que ese sucedáneo al que llamas felicidad suele durar más bien poco. Por tanto, no sé qué tanta felicidad, de esa que buscas cuando los persigues, aportan. Además, enseguida y como por arte de magia, aparecen nuevos propósitos, y lo único que consigues a través de ellos es mantenerte continuamente en una espiral de propósitos que conseguir, persiguiendo la felicidad, que es una búsqueda que parece no tener fin. Además, cuando no consigues tus propósitos, o no de la manera en que proyectas mentalmente, te frustras, te rayas, te culpas y sufres. Al ver esto desde aquí, surge una pregunta: ¿qué le aporta a tu experiencia tener propósitos? Total, cuando pareces conseguirlos, no encuentras la felicidad buscada, y cuando pareces no conseguirlos, te rayas y te das mucha caña.

Crees que en la consecución de tus propósitos radica tu plenitud, por mucho que tu propia experiencia te diga que no es así.

Fabricas, la mayoría de las veces sin darte ni cuenta, un montón de propósitos. Y automáticamente crees que, consiguiéndolos, vas a sentirte más feliz. Algo que, como acabamos de ver, y como puedes comprobar a través de tu experiencia, no suele suceder. Y es que la felicidad, tal como la entiendes, es otro concepto, una fabricación de tu mente humana. Algo que pareces perseguir todo el tiempo, pues crees que no la tienes. La persigues, por tanto, desde un estado de carencia (qué pesadita la carencia esta, ¿no?). Tiendes a pensar que, si estuvieras de otra manera, si tuvieras otras circunstancias, si sucediera tal o cual cosa, o si consiguieras esto o lo otro, serías feliz. Y no, querido amigo, esto no funciona así. Voy a plantearte otra perspectiva. ¿Qué pasaría si la felicidad fuera tu estado natural y no tuviera nada que ver con tu concepto acerca de lo que es la felicidad? ¿Qué onda si pudieras darte cuenta de que lo único que te separa de la felicidad son todos los conceptos que has fabricado y con los que te identificas? ¿Qué tal si fuera tu propia búsqueda de la felicidad la que no te permite experimentar la felicidad que ya existe en ti?

Observa cómo aterrizas en la peli de tu vida: completamente feliz. Cuando haces tu aparición estelar en este plano que entendemos como «la realidad» (esto es, cuando naces), no existen conceptos en tu mente humana, no entiendes nada acerca de un yo separado pues, de hecho, no percibes separación con nada de lo que te rodea. Vamos, que estás completamente integrado en el todo y con todo. En un punto, empiezas a tener conciencia de ti como algo separado del resto de las cosas que percibes, y a partir de ahí, el resto ya lo conoces. Porque el resultado puedes observarlo en ti ahora mismo. Separación y conceptualización por un tubo, como inyectadas en vena. Cuando empiezas a fabricar conceptos, te vas olvidando de tu estado de felicidad natural. Por eso, como vimos en capítulos anteriores, quizá se trate más de deshacer que de hacer.

Quizá se trata más de deshacer que de hacer.

Por consiguiente, desde este punto de vista, el propósito de ser feliz a través de hacer o conseguir cosas en la pantalla del mundo parece no ser muy efectivo. Con esto no quiero decir que no hagas cosas, de hecho, siempre haces lo que has de hacer y siempre sucede lo que debe suceder tal como debe suceder. El *pescao* ya está vendido, ¿recuerdas? Pero la manera en que lo ves determina tu experiencia. Si te identificas y te enganchas al resultado de las cosas que haces, estás pillado. Si simplemente lo experimentas, sin identificarte ni engancharte al resultado, lo fluyes. No cambia la experiencia en sí, lo que cambia es la forma en que la experimentas. Pero esto ya te lo he dicho muchas veces.

Sí, ya sé, se habla mucho de encontrar el propósito de esto que entiendes como la vida. Pero… ¿qué pasaría si el propósito de tu experiencia fuera, simple y llanamente, experimentarla tal cual está siendo en cada momento, sin aditivos conceptuales? Con todo lo que trae, con lo que viene espontáneamente. Sin tratar de insuflarle toneladas de control, sin intentar determinar cómo deberían ser las cosas. Simplemente experimentar.

Cuando empiezas a abrirte a la experiencia, y a todo lo que sucede en ella, puedes darte cuenta de que el hecho de experimentarla a pelo permite que su propio sentido se haga consciente en ti sin necesidad de conceptualizarla mentalmente. Por tanto, a lo mejor, tratar de definir tu propósito (o tus propósitos, que para el caso es lo mismo) no es más que otro concepto, condicionado por muchos otros conceptos que has fabricado acerca de lo que tú eres y de lo que es tu experiencia. Ergo, no es nada. Date cuenta. Cuando parece suceder algo en tu experiencia que determinas que no debiera estar sucediendo y te propones (de propósito) hacer algo para que no suceda de esa manera y suceda de otra o para que deje de suceder, lo que haces es decirle a la vida que no quieres esta experiencia. Entras en oposición con la vida. No te das cuenta de que, tratando de definir tus propósitos por ti mismo, lo que haces es negar el propósito único de la vida, que es vivirla tal cual viene. Cuando eres consciente de esto y empiezas a soltar tus propósitos, lo que equivale a no tener ningún propósito concreto y a no proyectar la manera en que deberían ser las cosas, puedes darte permiso para comenzar a disfrutar de todo, sin condiciones ni otras mandangas. ¡Te conviertes en un auténtico disfrutón!

Hace un tiempo leí en Instagram una publicación de Eckhart Tolle, del que ya te hablé en algún capítulo anterior, que dice así: «En lugar de preguntar: "¿Qué quiero yo de la vida?", una pregunta más poderosa es: "¿Qué quiere la vida de mí?"».[104]

La cuestión del *copyright*

Mientras andas por aquí identificado con tu personaje, tiendes a creer que eres el autor de todo lo que parece sucederte.

104. Del perfil de Instagram de @eckharttolle, publicación del día 15 de noviembre de 2021.

Pero si, como estamos viendo, el *pescao* ya está vendido, de autor tienes más bien poco. Por no decir nada. Vamos, que parece ser que, en la cuestión del *copyright*, andas un poco confundido. No obstante, y obviamente, el hecho de creerte que eres el autor de tu experiencia parece empujarte sí o sí a tener que fabricar propósitos.

Como eres consciente de lo que te sucede en la experiencia, y te percibes separado de la vida, que es un todo y lo incluye todo (tú incluido, valgan las redundancias), desde tu identificación con tu personaje, te crees que tienes la sartén por el mango y que todo lo que sucede depende de ti. Te has olvidado de que eres la propia vida expresándose a través de ti, te has fabricado un montón de conceptos acerca de lo que eres y de lo que es la experiencia, y en vez de abrirte al flujo natural de la vida y al plan perfecto que esta tiene para ti, te pones a determinar, en función de lo que tú mismo has fabricado, cómo debes ser y cómo debe ser la experiencia. Te has olvidado del pequeño detalle de que...

¡En la vida no hay errores!

Tienes la percepción de que eres una vida dentro de un cuerpo en vez de ser consciente de que, en cualquier caso, es más que pareces ser un cuerpo dentro de la vida. Y digo «pareces» porque, en realidad, eres una expresión en la vida. ¿Te imaginas que una gota del mar se hiciera consciente de sí misma y pensara que es algo distinto al mar, separada de él? Pues algo parecido a eso es lo que haces tú en tu percepción frente a la vida. Formas parte de un todo, del que nunca te has separado en realidad, pero como te percibes separado y te identificas con esa separación, te crees que te corresponde a ti crear tu experiencia. Y no, *my darling*, esto no funciona así. En el ejemplo tonto que te he puesto sobre la gota del mar, esto vendría a ser algo así como si la gota, que se ha hecho consciente de sí misma, dijera: «Hey, mar, que yo soy autónoma, no formo parte de ti y voy a ir a mi bola, separada de ti». ¿Te das cuenta de esto?

Además, obsérvalo. Creer falsamente que eres el autor y creador absoluto de tu experiencia y de todo lo que parece suceder en ella te genera un montón de sufrimiento. Te autoimpones una responsabilidad que no es tuya, y a través de esa responsabilidad te fabricas un montón de culpabilidad, frustración y sufrimiento. Porque en vez de fluir con la experiencia, permitiendo que se exprese libremente tal cual es a través de ti, siendo consciente de que, más allá de tu identificación con el personaje principal de tu propia peli, eres esa consciencia que es consciente de la experiencia, lo que haces es olvidarte de todo esto y empezar a fabricar conceptos con los que no consigues más que apartarte de la experiencia y de tu realidad más esencial. Una auténtica voladura de cabeza.

Cuando te permites empezar a ser consciente de que formas parte de todo, de que, en realidad, eres ese todo y empiezas a percibirte en perfecta unidad con todo lo que es, desidentificándote *piano piano* del personaje que interpretas, y empiezas a vivir desde la certeza de que estás en tu peli, y de que no es más que una peli... es una *fuckin'* pasada. Lo repito de nuevo: no cambia nada de lo que parece suceder en tu experiencia, pero se transforma completamente la forma en que la vives. Te quitas la pesada mochila de la responsabilidad, y conceptos como el sacrificio, la culpabilidad, el sufrimiento, la necesidad de engañar, de manipular, de controlar, los propósitos, los deseos, la frustración, la oposición, las defensas, los ataques, el miedo y un largo etcétera empiezan a deshacerse, pues ya no tienen sentido. No es que desaparezcan de la experiencia, es que se integran en ella, fundiéndose en su totalidad. La experiencia, a diferencia de lo que suele hacer tu personaje, no excluye nada. No te olvides.

De ahí, lo que empieza a emerger es una brutal y honesta voluntad de fluir, de experimentar, de descubrir, de empezar a reconocerte más allá de los conceptos, de entrar en consonancia y armonía con la vida y con su plan perfecto (del que formas parte), permitiendo que el Amor, que es todo, pueda expresarse a través de ti. Ya no lo bloqueas conceptualmente. Eso es tener un propósito unificado, pues empiezas a reconocerte uno con la vida y con todo lo que es. Y este es el único propósito que va a permitir que se exprese eso que andas tratando de encontrar mientras fabricas un montón de conceptos desde tu mente humana: un estado de pura felicidad, paz y fluidez con la vida.

Venga, no me digas que no es un planazo.

Un asunto seriosísimo para nada serio

Esta confusión con el tema de la autoría, todos los propósitos que fabricas como resultado de dicha confusión y tu concepto acerca de la responsabilidad sobre tu experiencia hace que te lo tomes todo como si te fuera la vida en ello. Es como que le enchufas un montón de solemnidad al asunto, y todo te parece superultramegaimportante. Y serio. Muy serio. Seriosísimo, de hecho.

Claro, ¿cómo no vas a tomártelo todo en serio si tienes la creencia de que, consiguiendo los propósitos que tú mismo te has inventado, vas a obtener un pase VIP para el cohete que te transportará a la felicidad? Lo que se te olvida es que ese cohete siempre parece despegar mañana, la mayoría de las veces ni despega y, cuando lo hace, siempre parece quedarse en el intento. Y lo sabes.

Fíjate. Te tomas muy en serio todo lo que parece sucederte en la peli. La seriedad, como todo lo demás, no es más que un concepto. Uno al que también le das mucha importancia, aunque quizá no la tenga. O no tanta como te encabezonas en creer. Te tomas tan en serio tu propia peli y al personaje que interpretas en ella, que te crees todo lo que te dices desde tu identificación con él. Te crees todo lo que pareces decirte desde tu mente humana, sin darte cuenta de que esos discursitos que te pegas tan solo son el resultado de tu identificación con una mente separada, repleta de conceptos fabricados que acabas proyectando en la pantalla del mundo y percibiéndolos como algo externo a ti. Y, entonces, te tomas también muy en serio lo que parece sucederte en tu experiencia. Y eso, para variar, también te genera un montón de sufrimiento.

Sufres cuando te quedas sin curro. Cuando te deja tu pareja. Cuando algo no sale como tú esperabas que saliera. Cuando tu cuerpo no parece reaccionar como tú quieres que reaccione. Cuando crees que te falta la pasta. Cuando fabricas miedo a perder tu pasta. Y así podría seguir como Buzz Lightyear en *Toy Story*,[105] hasta el infinito y más allá. Te to-

105. Peli de Pixar Studios y Disney, dirigida por John Lasseter, que se estrenó en el año 1995.

mas la vida tan en serio, que cuando algo no sucede como tú crees que quieres que suceda, sufres.

Esto es como cuando te vas a sobar una noche y, mientras duermes, tienes un sueño. Imagínate que sueñas que estás cenando relajadamente con un amigo en un restaurante con estrella Michelin, gozándolo a tope y tomando un vino francés de 2.000 euros la botella. Estás regaladísimo. De repente, oyes un gran estruendo, te giras y ves, frente a ti, una mosca gigante con colmillos de Drácula. Y lo flipas en colores. Coges a tu amigo del brazo y escapáis. Y la mosca gigante empieza a perseguiros. Por alguna extraña razón que no comprendes, va a por vosotros. Mientras estás en tu sueño, te tomas muy en serio la persecución y corres, huyendo, tratando de esconderte. Claro, tienes la impresión de que te va la vida en ello, de que si no consigues escapar, *c'est fini*. Pero la maldita mosca siempre te encuentra. Ya no sabes qué ha pasado con tu amigo y te parece que llevas tres horas huyendo, te agobias más que un oso polar en la playa de Torremolinos y te sientes agotado, y entonces, cuando parece que la mosca gigante está a punto de hincarte el diente, cuando ya no puedes escapar más... te despiertas. Durante unos segundos estás aturdido, confundido, el sueño te parecía tan real que lo has experimentado como si lo que te pasaba en él te estuviera pasando de verdad. Pero al poco, el aturdimiento se te pasa y mientras te preparas un café, recuerdas tu sueño y te ríes a carcajadas por lo friki de la situación.

En el sueño, todos los personajes que aparecen (mosca gigante incluida) son pensamientos en tu mente, por tanto, son tú. Tú los fabricaste, no conscientemente, pero tú los fabricaste. De hecho, tú fabricaste el sueño entero, también todo lo que parecía estar sucediéndote en él. Mientras estabas ahí, todo te parecía ultrarreal. Hasta el agotamiento, el agobio y el miedo te parecían reales. Es decir, todo, todo y todo te parecía muy real. Y mientras estabas soñando, te estabas tomando todo lo que pasaba en el sueño muy en serio. Pero al despertarte sobresaltado, pasan unos minutos y te das cuenta de que tan solo era un sueño. Y te da un ataque de risa.

¿Qué me dirías si eso mismo es lo que pasa con la peli de tu vida? Tú mismo la fabricas, la proyectas en la pantalla del mundo y te identificas con ella. Y mientras estás ahí, sigues identificado con todo lo que te parece suceder en ella y te lo tomas todo muy en serio. Pero cuando empiezas a ser consciente de que es una peli, una mera ilusión, no te queda más que reírte. Vale, en tu peli, por el momento, no aparecen moscas gigantes con los colmillos más afilados que un bisturí de quirófano, pero parecen suceder muchas otras cosas más frikis que ver a un Pikachu[106] tomándose un gin-tonic. Ya sabes eso que dicen de que la realidad siempre supera la ficción.

¿Has mirado en tu bolsillo derecho?

Cuando te das cuenta de que lo que estás experimentando no es tu realidad esencial, sino una ficción pura y dura, la forma en que la experimentas es totalmente distinta. Te puedes permitir empezar a no tomártelo todo tan en serio, pues sabes que es una peli, que todo lo que ves es a ti mismo todo el rato, que el guion ya está escrito (o el *pescao* vendido, como prefieras), que

106. Personaje de la franquicia de videojuegos *Pokémon*. Sí, el amarillo.

nadie nunca te hace nada, que siempre estás haciendo lo que se supone que debes estar haciendo, que formas parte del plan perfecto de la vida y que todos los conceptos que has fabricado, adjudicándote una autoría cuyo *copyright* no te pertenece, son lo que te alejan de la felicidad que ya eres y que *busqueteas* por las esquinas sin darte cuenta de que la llevas en el bolsillo derecho. Y cuando te das cuenta de todo eso, no puedes hacer otra cosa que descojonarte de la risa.

Los ataques y las defensas dejan de tener sentido para ti, al igual que tus opiniones, tus ideas, tus conceptos, tu sistema de pensamiento y de creencias. Todos ellos pasan a integrarse en tu experiencia, que es tan solo una experiencia y está para experimentarla. Y, de repente, cuando tomas esta nueva perspectiva frente a tu experiencia, es algo así como poder empezar a leer ese libro que siempre has querido leer y que tenías entre las manos, pero que te ponías a dos centímetros de los ojos. Así era imposible leerlo. Apenas podías ver un par de letras, pero ni siquiera podías leer una palabra entera. De repente, tomas conciencia y empiezas a separarte el libro de los ojos. Y al hacerlo, te das cuenta de que puedes empezar a leer cosas. Y de que, además, cuanto más te lo separas, más cosas puedes leer.

¿Cuánto piensas tardar en darte permiso para reírte de tu experiencia en tu propia peli?

QUÉ HORAS SON, MI CORAZÓN[107]

Segundos, minutos, horas, días, semanas, meses, años, lustros, décadas, siglos, milenios, anteayer, ayer, hoy, mañana, pasado mañana, antes, después, más tarde, más pronto, pasado, presente, futuro, relojes, calendarios, agendas y qué horas son, mi corazón. Estos son algunos de los muchos conceptos fabricados asociados a otro concepto, también fabricado, al que llamas tiempo. Y es que el tiempo, aunque también es tan solo un concepto inventado, parece ser uno muy importante mientras andas optando al Oscar al mejor actor por la peli de tu vida. Tan importante, que hasta pudiera parecer que te esclaviza. Sin ser nada de eso él.[108]

Lejos de lo que quizá puedas pensar, el tiempo lineal tal como lo entiendes es una invención. Tan invención que tan solo parece tener sentido desde una perspectiva humana. Há-

107. Así empieza la letra de la canción «Me gustas tú», de Manu Chao, que aparece en su álbum *Próxima estación... Esperanza* y que se lanzó en mayo del año 2001. Cuando iba al instituto, me flipaba. Bueno, ahora también. No hace mucho, INNMIR y Carlos Sadness hicieron una versión muy molona del tema.

108. Guiño a las vecinas de Valencia, una fantasía de señoras que salen en un vídeo que, si no lo has visto, te lo recomiendo. Está en YouTube: «Vecinas de Valencia».

blale a un perro acerca de la semana que viene. O a un árbol. O al mar. Ese concepto al que llamas tiempo es una invención, aunque te hayas olvidado de ese pequeño detalle y le permitas regir gran parte de las cosas que parecen sucederte mientras andas por aquí.

Obsérvalo. Más allá del consenso que parece existir acerca de cómo organizar el tiempo, es un concepto inventado y sujeto a tu propia percepción e interpretación. Por ejemplo, cuando estás cenando con tu *crush*, dos horas pueden parecerte veinte minutos, pero cuando estás esperando a que te atiendan en la consulta del médico, dos minutos pueden parecerte veinte horas. Apuesto a que te ha pasado alguna vez. Desde esta perspectiva, el tiempo es un concepto sujeto a tu percepción, por tanto, es completamente ilusorio. Un truco. Un juego de manos digno del Mago Pop.[109] Y totalmente relativo, como todos lo que estamos viendo en estas páginas. El tiempo es algo que tan solo parece tener sentido mientras andas metido en tu peli, y lejos de lo que piensas, en vez de ayudarte a algo, lo que haces es esclavizarte a través de él.

Tu mente humana piensa todo el rato en términos de pasado y futuro. Parece estar todo el tiempo viajando entre pensamientos relativos al pasado, que principalmente te generan un montón de culpabilidad («Si hubiera dejado antes a mi pareja otro gallo cantaría», «Ojalá hubiera estudiado Odontología para ganar más dinero ahora», «¿Por qué no hice caso a mi intuición y me quedé a vivir en Bali?», etcétera) y pensamientos relativos al futuro, que te generan un montón de miedo («Si no consigo ese ascenso no voy a poder comprarme un

109. Antonio Díaz, todo un crack en eso del ilusionismo. Flipante verle, la verdad.

coche nuevo», «Como me deje mi pareja voy a pillar una depre de caballo», «Si me pongo enfermo, ¿quién va a cuidar a mis hijos?», etcétera). Y eso es lo que te esclaviza, porque a través de ese movimiento constante de idas y venidas de tu mente lo que permites es que el vaivén te aleje del único tiempo que existe: este momento.

Y es que si lo piensas, siempre es ahora. Este es el único momento que tienes todo el rato. Cuando mañana llegue ese momento que tanto deseas, o que tanto temes, será ahora. Cuando tu mente humana te machaca con pensamientos relativos a algo que pareció sucederte en eso que entiendes como el pasado, te machaca ahora, pues tienes esos pensamientos ahora. Cuando piensas en las vacaciones del mes que viene, piensas en ellas ahora. Y cuando las experimentas, también será ahora. Todo sucede ahora. Por tanto, desde esta perspectiva, puedes ver que el pasado tan solo parece existir en tu mente humana. Al igual que el futuro. Y ambos te alejan de lo único que es eterno, de lo único que siempre es: el ahora. Ni siquiera el hoy, pues hoy también es un concepto inventado. Te hablo del ahora. Este momento.

Lejos de lo que puedas pensar, este momento es eterno. Siempre es este momento. Ninguno más.

Te crees tan *a full* el concepto del tiempo y todo lo asociado a él, que te olvidas de que todo lo que parece sucederte, siempre parece sucederte ahora. En ningún otro momento, pues no existe ningún otro momento. Pero sí, mientras sigas identificado con tu personaje, estarás atrapado en el tiempo. Y... ¿por qué atrapado? Pues porque interpretas este momento en base a lo aprendido en el pasado, y proyectas el futuro, también en este momento, condicionado por pensamientos que provienen del pasado. Puede parecer que te estoy haciendo el lío, pero no. Y si lo piensas así... ¿No te parece una auténtica ida de olla?

Vivir atrapado en la concepción del tiempo lineal te hace, inconscientemente, fabricar un montón de culpabilidad, porque crees que, si hubieras hecho las cosas de otra forma en el pasado, no tendrías esa sensación de no sentirte completo que te acompaña constantemente. Te juzgas por lo que parece que hiciste en el pasado y eso te mantiene muy enganchado a él. Del mismo modo, cuando no andas con tu *come-come* mental relacionado con el pasado, lo que haces es andar preocupado por determinados aspectos que proyectas que sucederán en el futuro, generando de esta manera un montón de miedo a que lo que proyectas no sea como tú quieres que sea o a que los resultados que crees que vas a obtener en el futuro no sean los que deseas. Y siento decirte que no tienes una bola de cristal que te muestre eso que entiendes como futuro. Simplemente no lo sabes y te dedicas a fabricar hipótesis, posibilidades, de las cuales seleccionas determinadas de ellas acorde a tu sistema de pensamiento y las das por válidas. ¿Te das cuenta de esto?

Además, tu creencia en el concepto lineal del tiempo te hace establecer relaciones de causa-efecto. Crees que lo que parece sucederte en este momento es un efecto, cuya causa siempre se encuentra en eso que entiendes como el pasado. Siempre crees que te pasa esto debido a que, en algún momento pasado, sucedió aquello otro. Y siento decirte que, mientras no pongas el foco en la única causa de todo lo que pareces experimentar, que no es otra que tu mente, cualquier relación causa-efecto que trates de establecer, responderá tan solo a tu sistema de pensamiento, pero a poco más. Las relaciones causa-efecto tan solo tienen sentido desde una perspectiva lineal del tiempo, pero si el tiempo lineal es una invención... ¿Qué sentido pueden tener las relaciones causa-efecto que estableces mentalmente todo el rato?

Todo está contenido en este momento, y únicamente en este momento. Que es al único al que no sueles prestar mucha atención. ¿Ves lo que esto significa?

Piensa que te piensa

El hecho de estar más enganchado al concepto del tiempo que un chicle en una suela de zapato, provoca algo muy curioso: y es que cambias el concepto de experimentar la vida por el concepto de pensarla. Es decir, permitirle a tu mente humana que esté continuamente echando viajecitos entre eso que entiendes como el pasado y eso que entiendes como el futuro, te aleja de la experiencia de este momento, que es lo único que tienes todo el rato. Por tanto, te hace pensar la vida en vez de vivirla. Y, sinceramente, no sé si eso tiene mucho sentido. Porque estar todo el tiempo piensa que te piensa (e interpreta que interpreta) no hace otra cosa que separarte de la experiencia presente.

¿Puedes, entonces, tener esta experiencia ajena al concepto del tiempo? Ciertamente, parece ser algo complicado, pues es un concepto que tienes muy aceptado a nivel subconsciente. Pero, desde este punto de vista radical, tan relativo a la raíz, que estoy intentando plantearte acerca del tiempo, lo que puede suceder es que te permitas no darle importancia. O no tanta como le das. Puedes ser consciente de cuánto concepto arrastras mentalmente del pasado, que no existe más que en tu mente humana, pues nunca estás en el ayer, ni en el mes pasado, y también puedes ser consciente de cuánto proyectas hacia el futuro, que tampoco existe, pues nunca estás en el mañana, ni en el mes que viene. Por tanto, puedes cuestionarte qué sentido tiene estar mentalmente en momentos que ni siquiera existen más allá de tu mente humana.

Visto así, el concepto de tiempo deja de ser algo que está en continuo avance lineal para convertirse en algo inmóvil y con un carácter más vertical. Siempre es ahora, y el ahora nunca se mueve. No avanza ni retrocede. No pasa. Es eterno. No está por llegar, pues ya está aquí. Este momento no entiende nada de tus conceptos mentales relacionados con el pasado o con el futuro. Simplemente es, tal como está siendo, tal como está sucediendo ahora. ¿Te das cuenta de esto? Porque si te das cuenta de esto, puedes también ser consciente de que toda la culpabilidad que arrastras (debido a tu creencia en el concepto del pasado) y todos los miedos que proyectas (debido a tu creencia en el concepto del futuro) dejan de tener sentido.

En este momento, no estás teniendo ningún motivo para sentirte culpable, ni para tener miedo. Si estás sintiendo culpabilidad es por algo que hiciste, es un concepto que te trae tu mente humana en formato recuerdo. Y si estás sintiendo miedo, siempre estás sintiendo miedo por algo que pueda suceder en eso que entiendes como el futuro, pues el miedo no tiene espacio en el momento presente. Y si lo tiene, porque pareces estar frente a un león muerto de hambre que tiene pinta de querer devorarte ahora mismo, tú no tienes que ocuparte de nada, pues estás diseñado para reaccionar instintiva e intuitivamente y siempre tomarás la opción, inconsciente e impulsiva, que más probabilidades te ofrezca de permanecer vivito y coleando. Y no será algo en lo que tengas que pensar conscientemente, solo sucederá de modo espontáneo, tal como haya de suceder.

Tu cerebro humano parece haberse entrenado a tope para estar continuamente moviéndose entre los conceptos inventados que rigen eso que entiendes como el tiempo, pero eso, para variar, no es más que otro concepto. De forma inconsciente, te identificas con el concepto del tiempo igual que te identificas con todos los demás conceptos que te cuentas y que determinan la forma en que vives tu experiencia. Y aquí el asunto no está en no experimentar desde la perspectiva del tiempo, sino en no identificarte *a full* con dicha perspectiva. Dicho de otra manera, puedes vivir en el mundo del tiempo sin identificarte con el tiempo y con todo lo que tu creencia del mismo implica en tu experiencia. Puedes ser consciente del movimiento de tu mente humana, adelante y atrás, pasado y futuro y de nuevo pasado. Y tan solo puedes ser consciente ahora, por tanto, ser consciente de ello te trae directamente a este momento. *Welcome!* Ya estás aquí.

El asunto no está en no experimentar desde la perspectiva del tiempo, sino en no identificarte *a full* con dicha perspectiva.

Ser consciente de tus movimientos mentales es estar presente, en este momento, atendiendo lo que parece suceder en tu mente humana en este momento. ¿Te das cuenta de esto?

No dejarte llevar por los traqueteos a los que parece empujarte tu mente, que está bailando en una danza sin fin entre conceptos que no existen, como son el pasado y el futuro, te trae continuamente a este momento, que es lo único que tienes. Puedes ser consciente de un pensamiento relacionado con algo que pareció pasar en algún momento y decirte a ti mismo: «OK, esto es un pensamiento a través del cual estoy trayendo a este momento algo que no existe y me estoy sintiendo de esta o aquella manera por algo que ni siquiera existe en este momento», igual que puedes ser consciente de un pensamiento relacionado con algo que proyectas que puede suceder en algún momento de lo que entiendes como el futuro y decirte a ti mismo: «OK, esto es un pensamiento a través del cual estoy trayendo a este momento algo que no existe y me estoy sintiendo de esta o aquella manera por algo que ni siquiera existe en este momento». Como ves, la fórmula es la misma. Siendo consciente de este traqueteo mental, lo que te permites es abrirte a la posibilidad de retornar tu atención al único momento en donde siempre estás, el ahora, y a lo que está sucediendo en él ahora mismo.

Además, permíteme hacer un *link* con algo de lo que te he hablado en los capítulos previos a este. Si el *pescao* ya está vendido, el guion de la peli ya está escrito y tú siempre estás haciendo lo que se supone que debes hacer…, ¿qué sentido tiene vivir con el runrún del pasado y el futuro? Cuando eres plenamente consciente de que formas parte del plan perfecto de la vida y empiezas a desidentificarte de los conceptos que has fabricado acerca de todas las cosas, puedes darte cuenta de que ya no necesitas seguir identificado con lo que pareció suceder o con lo que proyectas que sucederá, pues no depende de ti ni nunca lo hizo. *Et voilà*. Eso también te permite conectar con la eternidad, que no es otra cosa, en esta experiencia, que conectar con este momento y con lo que parece estar sucediendo en él ahora. *Right now*.

Piénsalo. Cuando viene a tu mente ese concepto que tanto anhelas y al que llamas felicidad, siempre piensas en él en términos de futuro. Y, claro, si como estamos viendo el futuro, en realidad, no es nada, ¿cómo y dónde piensas encontrar eso que entiendes como felicidad? ¿Puedes ver la trampa que tú mismo te tiendes continuamente, sin ni siquiera darte cuenta de ello? Pensar que serás feliz luego y que te podrás librar del sufrimiento y de la sensación de no sentirte completo en eso que entiendes como el futuro lo único que hará es alejarte de la felicidad, generarte más sufrimiento y más sensación de no compleción. De nuevo, el mundo al revés.

Y es que no, *my friend*, no puedes ser feliz luego. Tan solo puedes ser consciente de la felicidad que eres y que te viene de serie en este momento. Ni mañana, ni pasado, ni el mes que viene. Ahora.

Ahí te lo dejo.

Pero qué cara, qué gesto..., ¿qué coño es esto?

Por mucho que te resistas a aceptarlo, todo lo que parece suceder en tu experiencia, sucede espontáneamente y siempre en este momento. Lejos de lo que puedas pensar, nada te sucede a ti, simplemente sucede, de forma espontánea. Por mucho que tú, desde tu mente humana e identificado con ese yo separado del que ya te he hablado, quieras apropiarte de la experiencia. Date cuenta. Tus pensamientos aparecen espontáneamente en este momento. Generan determinadas emociones también espontáneamente, y también en este momento. Todo lo que parece sucederte emerge espontáneamente y, aunque te cueste creerlo, ajeno a ti. Es decir, la experiencia siempre está sucediendo espontáneamente, sin pertenecerte y sin que puedas hacer nada al respecto para cambiarla.

Y es muy curioso observar lo que haces con este concepto de la espontaneidad de la vida: muchas veces, cuando la juzgas como indeseable para ti, te opones a ella. Y, como ya vimos algunos capítulos antes, es tu oposición a la espontaneidad de la vida a través de la que te generas un montón de sufrimiento. El sufrimiento asociado a tu experiencia en la peli de tu vida es algo que tú solito fabricas cuando entras en oposición a ella y a como está siendo en este momento. Por ejemplo, el dolor solo es dolor y sucede de forma espontánea ahora. Pero no sufres por la experiencia de dolor, sufres porque te opones a ella. ¿Puedes ver esto? ¿Qué pasaría si, cuando el dolor parece emerger espontáneamente en tu experiencia, no te opusieras a ello y te abrieras a atenderlo? Te invito a que te des permiso para experimentarlo y veas, por ti mismo, cómo la experiencia de dolor no tiene nada que ver con tu concepto mental acerca de ella.

Igual sucede con las emociones que emergen, espontáneamente, a través de pensamientos que emergen, también espontáneamente. Las emociones surgen, y cuando las juzgas como indeseables para ti, te opones a ellas, te resistes a sentirlas, tratas de escapar de ellas, de taparlas, y es eso lo que te genera sufrimiento. No la emoción espontánea en sí, sino tu oposición a ella. Te tiro algunas preguntillas:

- ¿Qué problema tienes con cualquiera de las emociones que experimentas?
- ¿Qué te impide, más allá de tus juicios, abrirte a atender lo que sientes, a darle la bienvenida, a darle el espacio en ti que se merece y permitirte la experiencia de transitarlo?
- ¿Qué me dirías si te dijera que, cuando atiendes una emoción sin juzgarla, te permites sostenerla y dejas que transite a través de ti, consigues exactamente lo que intentas conseguir oponiéndote a ella, y que nunca consigues?

Venga, de nada.

Y es que date cuenta. Acerca de esto de la espontaneidad, ¿no te ha pasado nunca que sucede algo que quieres que suceda y, aun así, siguen emergiendo, de forma espontánea, pensamientos en ti que te generan sufrimiento en relación con eso que está sucediendo tal como tú querías que sucediera? ¿Puedes ver la inconsistencia de lo que te haces todo el tiempo identificándote a muerte con lo que parece que te cuentas a través de tu mente humana? Hasta cuando parece suceder algo que quieres que suceda, pueden seguir emergiendo de forma espontánea en ti pensamientos que te generan sufrimiento, aunque, aparentemente, parezca estar sucediendo algo que tú quieres. Por ejemplo, imagínate que, después de tropecientos años soltero, encuentras pareja. Sucede lo que querías. A partir de ahí, pueden empezar a surgir pensamientos en ti que te generan sufrimiento, como miedo a que te deje, miedo a que no cumpla tus expectativas, miedo a que le pase algo, miedo a desenamorarte, etcétera. ¿Puedes, de manera sincera, reconocerte en esto? Porque lo que te haces es para mirarte y decirte a ti mismo: «Pero qué cara, qué gesto…, ¿qué coño es esto?».[110]

Cuando eres consciente del follón mental en el que andas metido todo el rato y de lo que te supone en tu experiencia, te abres a la posibilidad de aceptar, en este momento, todo lo que sucede espontáneamente. Sabes que la vida sucede como ha de suceder, que emerge siempre en este momento de la manera que ha de emerger y no de la manera en que tú piensas que piensas que quieres que suceda. Sabes que la vida no pasa luego, ni mañana, que emerge siempre ahora, y que no tienes ningún control sobre ella, por mucho que intentes inyectárselo. Lo único que tiene sentido, según esto, podría ser no oponerte, abrirte desde la inocencia a experimentarla, a dejarte sorprender, a no utilizar tus conceptos relativos a eso que entiendes como el pasado ni tus proyecciones hacia eso que entiendes como el futuro, anclándote en todo momento únicamente a este momento, pues es lo único que existe.

¿Puedes fundirte con este momento en este momento, siendo uno con él?

Bendito *flow*

Abrirte a la experiencia espontánea de este momento, dota a tu experiencia en tu propia peli de un estado de presencia en que lo único que importa es rendir atención plena a la expe-

110. Frase mítica de Carmen de Mairena. Una grande del travestismo en España, a la que hay que rendir homenaje. Siempre.

riencia presente tal como está sucediendo ahora mismo, como un espectador que participa en ella, pero no como como creador, sino simplemente siendo consciente de tu experiencia en ella. Esto, amigo mío, es la polla. Es vivir una continua *freshness* espontánea, es entrar en el bendito *flow* de la vida, que nada tiene que ver con todo lo que te han contado esos señores que parecen hacer campañas de marketing *new age* rellenadas de psicología positiva como si de un pavo de Acción de Gracias se tratara. Y no, no es que tenga nada en contra de la *new age* ni de la psicología positiva, Dios me libre, simplemente es que son conceptos que tan solo parecen tener sentido en tu peli y que no te acercan a ese *flow* que tanto predican.

Y es que cuando dejas de interpretar este momento, que siempre surge espontáneamente, en términos de eso que entiendes como pasado, te das cuenta de que no tienes ni idea de quién eres, de qué haces aquí ni de cuál es el propósito de nada de lo que parece sucederte y, desde ahí, puedes abrirte a dejarte sorprender por la experiencia.

Eso es vivir la vida y dejar de pensarla. Es permitirte experimentar eso que tanto buscas y que parece que no acabas de encontrar. Eso es felicidad, querido amigo.

Y tú con estos pelos.

APAGA Y VÁMONOS

Desde Camilo Sesto[111] hasta Nirvana,[112] pasando por Justin Bieber,[113] Tiziano Ferro[114] y hasta Maluma[115] *(baby!)*, hay mogollón de músicos, compositores e intérpretes que le han dedicado canciones al concepto que quiero invitarte a observar en las próximas líneas: el perdón. Si te pones a escuchar con atención lo que dicen a través de las letras de sus canciones (cosa que, reconozco, no suelo hacer frecuentemente), puedes darte cuenta de algo: todas parten de un concepto de perdón basado en los juicios y en la culpabilidad. Podríamos resumirlas con algo así como: «Perdóname porque me considero culpable por eso tan terrible que te he hecho», o «Te perdono porque te considero culpable por eso tan terrible que me has hecho». El perdón, así entendido, es un concepto vertical en

111. El de «Vivir así es morir de amor». Seguro que la has escuchado mil veces.

112. Banda de *grunge* liderada por Kurt Cobain. Su tema «Come as You Are» es uno de mis prefes del mundo mundial.

113. Cantautor canadiense y motivador de uno de los movimientos de fans más impresionantes de la década de los 2000.

114. Otro cantautor, pero este italiano. Ha sacado no sé cuántos discos.

115. El reguetonero que estaba dispuesto a ser «Felices los cuatro». Fantasía.

el que siempre parece existir un culpable y un inocente. Apaga y vámonos.

No es que pedir perdón o perdonar, tal como lo conceptualizas desde tu mente humana, esté bien ni mal. El perdón es un concepto que tan solo parece tener sentido mientras andas identificado con los *affaires* del personaje principal de tu propia peli. Simplemente que, cuando el hecho de perdonar proviene de un juicio y de la culpabilidad resultante de dicho juicio, en realidad no es mucho perdón, pues tiene su origen en un pensamiento de ataque. Piénsalo. Te atacas a ti mismo cuando te culpas de algo que pareces haber hecho y atacas a los demás cuando los culpas de algo que parecen haberte hecho. Como ya vimos en la primera parte, cargas con un montón de culpa inconsciente debido, básicamente, a tu creencia y tu identificación con la separación. Esa culpa, que no sueles atender porque ni eres consciente de que la arrastras, acaba siendo proyectada en la pantalla del mundo, y entonces sueles tener la percepción de que siempre hay algo en lo que entiendes como el ahí fuera que es culpable de tu continua sensación de no compleción. Ese algo puede ser tu cuerpo serrano, y lo que parece sucederle, mientras andas identificado con él, a alguno de los personajes que coprotagonizan contigo esta peli o cualquier situación que percibas como externa a ti.

En este escenario, el perdón, tal como lo entiendes, parecería tener cierto sentido. O eres culpable, o alguien es culpable o el mundo mismo es culpable por algo. Y hay que pedir perdón o perdonar. O eso crees tú. Sin enterarte, andas continuamente metido en un círculo vicioso compuesto por juicio, culpa y perdón. Juzgas, culpas y cuando te parece que el partido se pone excesivamente feo, levantas del banquillo a tu jugador estrella, el perdón, y lo sacas al terreno de juego pensando que solucionará la papeleta, sin mucho éxito, para posteriormente volver a juzgar, culpar y usar el perdón. Así todo el rato. Y la verdad, visto de esta manera, no sé si esto tiene mucho sentido.

Beckväms, Oldervicks y Vuselmommäs

Ya conoces mi tendencia hacia los puntos de vista radicales, así que quiero plantearte uno más, esta vez relacionado con el concepto del que te estoy hablando. Me gustaría hablarte del perdón como un cambio de mentalidad. Supongo que, a estas alturas, esto ya no te sorprende. Pero obsérvalo. Si todo el rato es a ti a quien ves en la pantalla del mundo y si, como te he repetido muchas veces, nadie nunca te hace nada, porque de hecho ni siquiera hay nadie más ahí fuera... ¿A quién es a quien debes perdonar todo el tiempo?

El perdón siempre supone un cambio de mentalidad.

El perdón, tal como te lo estoy planteando, se convierte entonces en un deshacer. Al perdonarte, deshaces tu culpabilidad inconsciente y, por tanto, va disminuyendo tu necesidad inconsciente de proyectarla a lo que entiendes como el ahí fuera. Dejas de culpar al mundo y a los demás por tu sufrimiento y devuelves la causa de todo lo que crees experimentar a su lugar de origen: la mente. Cuando sabes que todo aquello de lo que culpas al mundo está en tu mente, dentro de ti, te abres a la posibilidad de hacerte consciente de tu propia culpabilidad para poder atenderla, sostenerla, transitarla y darle el espacio que se merece para que acabe integrándose en ti. Ya no la rechazas, sino que le das la bienvenida para que pueda fundirse en tu totalidad. Cuando dejas de rechazarla y empiezas a integrarla, dejas de proyectarla en la pantalla del mundo. Y eso es la hostia, ya que te permite vivir la experiencia de otra manera. No cambia nada de lo que parece sucederte, pero transforma la manera en que lo experimentas.

Venga, voy a ver si, con un ejemplo de mi experiencia en la peli de mi vida, puedo explicarte esto, que ya sé que así de primeras puede sonar un poco abstracto.

Hace un tiempo, me fui de vacaciones a Gran Canaria con una amiga. En principio íbamos a pasar un par de semanas, pero estando allí nos encontrábamos tan a gustito, que decidimos quedarnos a vivir allí una temporadita. Alquilamos un apartamento maravilloso en primera línea de mar, que entre los dos podíamos pagar sin agobios económicos. Fuimos a IKEA[116] a comprar los Beckväms, Oldervicks y Vuselmommäs «imprescindibles» en cualquier casa humilde del siglo XXI. Compramos un cochecito de segunda mano, al que llamamos *La Chati* (diminutivo de «chatarra», porque era una chatarrilla adorable), y nos establecimos allí. Tan ricamente. A las pocas semanas de estar instalados, mi amiga conoció a un chico de Tenerife, la isla de al lado, y a los tres meses me dijo que iba mudarse a la isla vecina para intentarlo con su chico. Al conocer la noticia, que ya intuía, y tras varios días de incomodidad personal conmigo mismo y de pasar por distintos estados

116. Un día me comí no sé cuántos perritos calientes de esos de los suyos, que son plástico puro, y me dio un no sé qué estomacal. No lo hagáis, por Dios.

emocionales, descubrí que lo que me pasaba es que me estaba sintiendo abandonado. Y obviamente, mi primer impulso fue responsabilizarla a ella por abandonarme de esa manera.

Permití en mí todas las emociones que llegaron, fruto de esa percepción de abandono. Me visitaron los juicios, la sorpresa, la ira, la tristeza y, finalmente, la calma. Y desde esa calma, y consciente de mis mecanismos de proyección y percepción, me dispuse a observar cómo ese concepto llamado abandono se estaba expresando en mi experiencia. Pude ver cómo me abandono a mí mismo muchas veces, haciendo cosas que pienso que quiero hacer pero que, en realidad, no quiero hacer, o no escuchándome, dejándome llevar e identificándome con los impulsos de mi personaje, y decidí atenderme a mí mismo en mi relación personal con el concepto abandono y con lo que este estaba trayendo.

Pude ver, por ejemplo, cuán culpable me sentía porque, cuando falleció mi madre, no me mudé a Granada para estar cerca de mis hermanos adolescentes. En mi mente, les había abandonado y arrastraba mucha culpa inconsciente por ello. Pude darme cuenta de las distintas aparentes maneras en que el concepto culpabilidad se expresaba en mi experiencia, y te puedo asegurar que eran bastantes y de todas las formas y colores. A través de esa conciencia, pude perdonarme a mí mismo por abandonarme y por toda la culpabilidad inconsciente que almaceno como resultado de identificarme con este *person* llamado Joan Miquel. Y desde ahí, milagrosamente, se integró en mí por completo la sensación de abandono. Tanto que, hace unos meses, al volver a Granada, a la casa familiar, para acabar de escribir esto que estás leyendo, ya no percibí el peso de la culpabilidad que yo mismo me había inyectado creyéndome que había abandonado a mis hermanos y que experimentaba cada vez que los veía.

En resumidas cuentas: cuando fui consciente de mi relación con el concepto abandono, lo perdoné y se integró en mí. Y dejé de sentirme abandonado por mi amiga, dejé de culparme por creer haber abandonado a mis hermanos, dejé de culpar a mis padres por el abandono del que les responsabilizaba y así un largo etcétera.

Y ahí pude experimentar, de manera muy clara y reveladora, en mis propias carnes morenas, algo que te he repetido varias veces: nadie nunca me hace nada. Solo mis pensamientos pueden hacerme algo. Lo que parece ocurrirme en la peli de mi vida sucede con el único propósito de ayudarme a ser consciente de los conceptos que yo mismo fabrico, para perdonarlos y permitir que mi realidad esencial, que está por debajo (o por encima, como prefieras) de ellos, se exprese a través de mí.

Nunca nadie te hace nada.

Así, hoy en día, lo único que siento por mi amiga es gratitud, porque ha sido una gran maestra para mí, pues, mediante la experiencia de abandono que creía estar experimentando a través de ella, pude ser más consciente de mis propios pensamientos de ataque. Por si eres un poco cotilla y quieres saber el desenlace de la historieta, te informo de que no, no he vuelto a hablar con mi amiga. Ni siquiera para explicarle todo esto y darle las gracias. Pero siento que eso no es necesario ni importante. Lo importante es que pude ver, a través de esa experiencia con ella, un aspecto de mi personaje del que no había podido ser consciente hasta ese momento y que llevaba años proyectando en la pantalla del mundo, culpando de mi sensación de abandono y de su consecuente culpabilidad inconsciente a mi personaje, a mis padres, a algunas de mis parejas, a algunos de mis amigos, y así un largo etcétera. ¿Puedes ver esto?

Y si puedes ver esto en mi ejemplo... ¿Puedes permitirte ser consciente, a través de tu experiencia, de toda la culpa que proyectas fuera de ti y que percibes a través de la pantalla del mundo como si fuera externa a ti, aunque no lo sea? Y lo más esencial... ¿Puedes perdonarte a ti mismo por ello?

Al hacerlo, puedes empezar a deshacer la culpa a través de la conciencia de dicha culpa. Es reconocerla, observarla, permitir lo que trae, atenderla, sostenerla, transitarla, darle espacio para que se exprese, experimentarla..., para perdonarla y permitir que se integre a través de tu perdón, dándote cuenta de que eso que parece sucederte, tan solo parece suceder en tu mente. Eso es usar la experiencia, pues en tu peli es lo único que tienes, para reconocerte en ella y perdonarte por haberte creído todo lo que piensas mientras andas identificado con el personaje principal que aparece en ella (o sea, tú). Hacerte consciente de tus fabricaciones mentales para perdonarlas y no creértelas. Y así, cuando dejas de creértelas, puedes pasarlas por alto.

El perdón, a medida que se aplica de esta forma, se convierte en la herramienta estrella para deshacer la creencia en la separación. Lo que es lo mismo que decir que el perdón, visto así, tiende a la unidad y, sobre todo, a la paz. Valga el ejemplo que he usado para demostrarlo.

Cuando puedes perdonar todos tus pensamientos acerca del mundo y de lo que parece sucederte en él, los pensamientos de ataque dejan de tener sentido para ti. Vamos, que dejas de atacarte a ti mismo y, por tanto, dejas de atacar a los demás. Y si no hay ataques, tampoco hay necesidad de defensa.

Esto transforma totalmente la forma en que entiendes las relaciones. Cuando alguien parece hacerte algo que juzgas como indeseable y le culpas, en vez de reaccionar creyéndote la historieta que te cuentas para victimizarte, puedes parar y empezar a observarla. Puedes observar lo que te estás diciendo a través de tus pensamientos, las emociones que esos pensamientos generan en ti, cómo se expresan dichas emociones a través de tu cuerpo en forma de sensaciones físicas, puedes darle espacio a eso que estás experimentando sin reaccionar, sin defenderte, rindiéndote totalmente a lo que la experiencia está trayéndote. Puedes ser consciente de que eso tan solo es lo que tú te estás contando y, después de transitarlo, puedes perdonarte, puedes pasarlo por alto, reconociendo que eso tan solo parece ocurrir en tu mente. En otras palabras, puedes perdonar lo que estás pensando para abrirte a experimentar, sin conceptualizar inconscientemente, lo que te está pasando en este momento.

El perdón no puede ser más que hacia uno mismo e implica otra forma de ver las cosas, un cambio de mentalidad, un deshacer de tu blablablá mental. Es comprender profundamente que la culpa tan solo es un concepto que eliges de una u otra forma, que parece intrínseco a tu experiencia, pero que ni tan siquiera es real, pues tan solo existe en tu mente. Y aunque no seas consciente de ella, para eso está la experiencia, ¿no?

El perdón no puede ser más que hacia uno mismo.

Aplicado a las relaciones, puedes darte cuenta de que cualquier relación es una ocasión perfecta para hacer la única elección genuina que puedes hacer todo el tiempo: elegir entre dar credibilidad a tu proyección (que da lugar a tu peli) o perdonar. Esto es, elegir entre separación y unidad.

Sé que quizá estén apareciendo en ti, en este momento, pensamientos del tipo: «¡Qué complicado es esto!», «No sé si voy a poder aplicar el perdón de esta manera», «No puedo ver qué hay mío cuando culpo a alguien de algo», etcétera. OK, no pasa nada. Es totalmente lógico. Por lo que parece, llevas mucho tiempo entendiendo el perdón de una manera determinada, y desafiar esa comprensión puede parecerte un hueso duro de roer. No te preocupes, hay otro camino para llegar al mismo lugar. Ya conoces el dicho: todos los caminos llevan a Roma.

Míralo de esta otra manera. Si lo que ves todo el tiempo en la pantalla del mundo es a ti mismo, perdonar a otros se convierte, automáticamente, en perdonarte a ti mismo. Y repito, por si no ha quedado claro aún: perdonar no es una vacuna que aplicas cuando dictaminas que alguien está enfermito de culpa por algo que parece que te ha hecho, es más bien hacerte consciente de que lo que crees que te hizo alguien nunca ocurrió tal como tú crees. Es pasarlo por alto, sin darle credibilidad y sin identificarte con ello. Es reconocer *a full* que lo que ves en el otro no tiene nada que ver con él, pues él es tú en realidad y lo único que ves es a ti mismo y a tus propios pensamientos sobre él. Por tanto, no perdonas a nadie por lo que parece que te ha hecho, sino que te perdonas a ti por haber interpretado lo que ha parecido ocurrir.

El perdón es hacerte consciente de que lo que crees que te hizo alguien nunca ocurrió.

Perdonándolo todo y a todos, te perdonas a ti. No hay nadie más ahí fuera, ¿recuerdas? Por tanto, ¿puedes perdonar a todos los personajes que aparecen en la peli de tu vida, aunque creas que los odias, sabiendo que, perdonándolos a ellos, es a ti a quien perdonas? ¿Puedes perdonar tus pensamientos, pasándolos por alto, sin interponer esos pensamientos entre tú y la experiencia para poder experimentarla libre de ellos? Eso es elegir la inocencia en lugar de la culpa. ¿Puedes ver lo que esto significa?

Perdonándolo todo y a todos, te perdonas a ti.

Todo esto que te estoy contando acerca del perdón como un cambio de mentalidad no quiere decir que no hagas lo que tengas que hacer. De hecho, lo que tengas que hacer lo vas a hacer igualmente, pues el *pescao* ya está vendido, ¿te acuerdas? Lo que quiere decir es que, lo que hagas, lo harás desde un lugar distinto. No es lo que hagas, sino desde dónde lo hagas. Lo puedes hacer reactivamente, haciéndole caso a tu verborrea mental, o lo puedes hacer desde el amor, siendo consciente de que lo que crees que sucede, tal como tú crees que sucede, solo es así en tu mente y te habla de ti, te permite re-conocerte. De nuevo, no tiene por qué cambiar nada ahí fuera, pero sí cambia la forma en que experimentas eso que parece sucederte. Usando el ejemplo anterior de mi experiencia con mi amiga en Gran Canaria, puedes verlo claramente. La situación fue la que fue y lo que sucedió fue lo que sucedió. Lo que cambió fue la forma en que yo lo experimenté, perdonando en vez de identificarme con mi percepción y creérmela. Y aunque te pueda parecer una tontería..., te aseguro que eso es la leche.

Imagínate que uno de tus amigos más cercanos hace algo que no te gusta. En vez de juzgarle y culparle por eso que ha hecho, puedes:

- Observar qué hay en ti que hace que eso no te haya gustado.
- Ver tus pensamientos de ataque, sin identificarte con ellos ni creértelos, tan solo observarlos.
- Ver qué emociones resultan de dichos pensamientos.
- Observar qué sensaciones físicas experimentas. Quizá te sientas agitado, tu corazón palpite más rápido o sientas tensión en los brazos. Quizá tengas ganas de golpear un cojín, de pegar dos berridos o de recorrer el pasillo arriba y abajo doscientas veces. Hazlo si así lo sientes, pues eso es darle espacio a la emoción para que se exprese.
- Mantenerte presente en la experiencia que estás teniendo, sin identificarte con ella, sabiendo que tan solo es resultado de tu interpretación mental.
- Perdonarte por estar interpretándola así, perdonando

esos pensamientos, esas emociones, esas sensaciones. Puedes pasar por alto lo que piensas que piensas que sucedió, pues, en realidad, nunca sucedió así más allá de tu mente.

Permítete experimentar la calma que llega cuando perdonas y, desde esa calma, haz lo que tengas que hacer. Si lo necesitas, habla con tu amigo para expresarle cómo te has sentido o no vuelvas a hablar con él nunca más si eso es lo que te nace hacer después de perdonar. Te lo repito de nuevo..., harás lo que tengas que hacer, pero desde dónde lo hagas (desde el ataque/defensa o desde el perdón) transformará tu experiencia por completo.

El perdón es la pieza que siempre encaja.

Y es que el perdón es la única pieza que siempre encaja. Sirve para todo: lo mismo te fríe una camisa que te plancha un huevo.

Muy *ready*

En varios de sus libros, Ken Wapnick, del que ya te hablé cuando arrancamos este viaje, propone un método en tres pasos para aplicar este tipo de perdón tan radical, tan referente a la raíz, del que te estoy hablando. Tres pasos para aplicar, en resumidas cuentas, este cambio de mentalidad, este deshacer. Voy a utilizarlos como base, modificándolos un pelín y adaptándolos a mi propia experiencia con esto del perdón para contártelos. Allá donde esté, señor Wapnick, espero que me permita la adaptación.

Vamos al lío.

1. Frente a cualquier situación, como primer paso, puedes darte cuenta de que la causa de lo que estás percibiendo está en tu mente y no es nada externo a ti. No se encuentra en lo que entiendes como el ahí fuera. Además, como te suelo decir cuando me vengo arriba, ni siquiera hay un ahí fuera. Lo que percibes como el ahí fuera no es más que una imagen de lo que hay en tu mente. Por tanto, puedes devolver la causa de todo lo que percibes como tu problema al lugar donde se originó: tu mente.

   Puedes ser plenamente consciente de que estás proyectando todo el rato, así que… ¡benditas proyecciones!, pues te permiten re-conocerte a través del otro. Te permiten ver todos esos conceptos que no reconoces como tuyos pero que forman parte de ti, y que el mundo te devuelve para que puedas hacerlos conscientes. Es recordar que tú eres todo y, por consiguiente, todo lo que ves es a ti y a tus pensamientos. Todo el rato.
2. En cuanto al segundo paso, cuando eres consciente de que la causa de todo lo que pareces experimentar está en tu mente, puedes elegir entre seguir identificándote *a full* con lo que percibes o hacerte consciente de que tan solo es tu peli, no tomártela tan en serio y simplemente abrirte a la experiencia que estás teniendo, sin identificarte a muerte con ella. Esto es, puedes elegir entre el sistema de pensamiento que tú mismo has fa-

bricado (y que te empuja a identificarte con la separación), o puedes empezar a recordar que formas parte de un todo, que tú y todos los demás sois una misma cosa, pues tenéis una misma fuente.

Además, puedes darte cuenta de que, en realidad, la culpa es un concepto que tú mismo eliges consciente o inconscientemente. ¿Que cómo la eliges? Pues no queriendo ser consciente de ella. Cuando no eres consciente de que llevas algo encima, ¿cómo puedes deshacerte de ello? Imagínate que estás recorriendo las ruinas de Machu Pichu y, sin darte cuenta, llevas una piedra de diez kilos en tu mochila. Si no te paras, sueltas la mochila y miras qué llevas dentro, no podrás deshacerte de la piedra y harás todo el recorrido cargando con ella. Quizá piensas: «Joder, cómo pesa esta mochila, si en realidad solo he metido un botellín de agua, una sudadera y cuatro cosas más». Andarás incómodo, te cansarás, pero si no miras dentro de la mochila, seguirás cargando con ella. Pararte y mirar qué hay en la mochila o, dicho de otra forma, hacerte consciente de tu culpa inconsciente, te permite deshacer la proyección y, por tanto, transforma tu percepción. Puedes darte cuenta de que has elegido identificarte con la separación y tomar la decisión de no hacerlo. Recuerda que, como ya vimos, esta es la única decisión real que puedes tomar: identificarte *a dolor* con tu propia peli o no hacerlo, sabiendo que la separación y tu percepción de individualidad son completamente ilusorias.

3. Por último, pero no menos importante, el tercer paso sucede, por sí mismo, cuando empiezas a elegir cons-

cientemente en favor de la unidad en vez de la separación y te abres a la posibilidad de aceptar tu realidad esencial, que es una y compartida con el resto de la humanidad. Esto es abrirle la puerta a que el Amor que eres en esencia pueda manifestarse a través de ti. Este paso, obviamente, no depende de ti. Te permites ser consciente de que nada de lo que crees experimentar mientras estás actuando en la peli de tu vida es tu realidad esencial, es tan solo una peli proyectada mentalmente, un sueño, como te he repetido una y otra vez. No es que no sigas en la experiencia, simplemente la experimentas desde otro lugar y, por consiguiente, de otra manera. Fluyes y te abres del todo a la experiencia, tal como parece estar siendo, pues sabes que es perfecta tal cual, que el *pescao* ya está vendido y que lo único que estás haciendo aquí es ser un vehículo de expresión de la vida misma, que se expresa a través de tu experiencia.

Como ya vimos, formas parte del plan perfecto de la vida, que se experimenta a sí misma a través de una ilusión, una peli, cuyo guion ya está escrito y en la que siempre estás haciendo lo que has de hacer y en la que todo es siempre como ha de ser. Formas parte de un plan perfecto, en el que no hay errores. Los errores solo suceden en tu mente, tras pasar tu experiencia por el filtro de tu propio juicio. Recuerda de nuevo que en la vida no hay errores. Darte cuenta de que has estado equivocado acerca de lo que eres, de lo que es tu experiencia y de lo que son el resto de los personajes que parecen estar en tu peli contigo, te permite corregir esto en el único lugar en donde puedes corregirlo: tu mente. Perdonando, obviamente.

Ya estás *ready*, amigo. Muy *ready*.

El gin-tonic de Larios y los torreznos de Soria

A través de este proceso, se produce un deshacer. Es el deshacer del que te hablé en algún otro capítulo anteriormente. Cuando te abres a perdonarlo todo, y cuando digo todo me refiero a absolutamente todo (incluyendo aquello que, según los filtros de tu juicio, te parece imperdonable), tu experiencia se transforma ciento ochenta grados. Si yo fuera Paquita Salas,[117] te diría que eres al perdón lo que un gin-tonic de Larios es a los torreznos de Soria: el binomio de la felicidad.

Cuando te abres a perdonarlo todo, tu experiencia se transforma ciento ochenta grados.

Perdonándote y perdonándolo todo, tal como te lo estoy planteando, todos los conceptos que vimos en la primera parte de este mamotreto, incluidos el miedo, los juicios, la culpa, el engaño, la manipulación, el control, el deseo, el cuerpo, el tiempo y hasta las relaciones dejan, naturalmente, de tener sentido tal como los has entendido hasta ahora. A través del perdón, del pasar por alto, de la no identificación con lo que te dices desde tu mente neurótica, todos esos conceptos se

117. Protagonista principal, interpretado por Brays Efe, de la serie que lleva su mismo nombre, *Paquita Salas*, dirigida por Los Javis y que se estrenó en el año 2016. Sus guiones son una fantasía y me puto flipa.

deshacen en un periquete. Se van deshaciendo en cada momento que perdonas. Y cobran un sentido distinto. Quizá al principio tengas que ponerle más empeño que un escarabajo pelotero subiendo las dunas de Maspalomas, pero cuanto más practicas el perdón, cuanto menos te crees los conceptos que tú mismo has fabricado y más te des-identificas de ellos, más te das cuenta de que, en realidad, hacerlo apunta a un lugar que es muy natural en ti y que no es otra cosa que puro Amor. El mundo se convierte, entonces, en una fuente de autoconocimiento.

Tu experiencia en el mundo es una invitación constante que te hace la vida para volver a ti, para re-conocerte, para deshacer el proceso de proyección y percepción siendo consciente de él. Empiezas a ser consciente de la certeza que siempre tuviste pero que, al parecer, olvidaste, de que eres una expresión de la vida. Eres una forma física dentro de la vida, y no una vida encapsulada en un cuerpo humano.

Tu experiencia en el mundo es una invitación que te hace la vida para volver a ti.

Ya no necesitas el miedo ni todos los mecanismos que parece que desarrollas mientras vives desde él. Puedes permitirte fluir verdaderamente con la experiencia, seguro y confiado de que estás incluido en un plan perfecto, de que todo lo que parece sucederte tiene un «para qué» y de que no tienes ni idea de cuál es, pero ahí radica el encanto de toda esta pantomima.

Y entonces puedes empezar a decirle al personaje principal de tu peli lo que dice Shakira en el estribillo de la canción que suena ahora mismo en mi Spotify: «Te felicito, qué bien actúas, de eso no me cabe duda, con tu papel continúa, te queda bien ese show... Te felicito, ¡qué bien actúas!».[118] Me ha venido como anillo al dedo. Como todo.

Con esto y un bizcocho... La rima te la dejo acabar a ti. Sí, como más te guste.

118. Letra del estribillo de la canción «Te felicito», de Shakira y Rauw Alejandro, lanzada en 2022. Dicen las malas lenguas que la Shaki se la dedica a Piqué, el jugador del Barça de fútbol que fue su pareja hasta un poco antes de que saliera la canción. Aunque bueno, después de que saliera el single que sacó con BZRP, «Te felicito» se queda en nada. Menudo salseo bueno.

DÉJATE DE TONTERÍAS

Lejos de lo que sueles pensar, tu experiencia en la peli de tu vida está diseñada única y exclusivamente para ser amada. Para que lo ames absolutamente todo y a todos, sin excepciones. Lo que pasa es que andas tan liado con todo lo que parece que te sucede mientras interpretas tu personaje, que, muy posiblemente, se te ha olvidado.

Si tienes esto claro clarísimo, lo único que me queda por hacer es darte las gracias por haber aguantado la chapa que te he metido hasta aquí. Si no lo tienes tan claro y esa afirmación te ha causado cierto cortocircuito mental, por leve que haya sido, te invito a que aguantes un poquito más y sigas leyendo. Total, después de todo lo que me has soportado ya, ¿qué son unas cuantas paginitas más?

Como te decía, y aunque todavía te cueste creerlo, todo lo que parece sucederte tiene el único propósito de ser amado. Y no solo de ser amado, sino de mostrarte el Amor que eres. Esto viene a ser algo parecido a que la vida estuviera todo el tiempo diciéndote: «Oye, hazte consciente del Amor a través de tu experiencia y déjate de tonterías».

Y es que tu realidad esencial es, simplemente, Amor. Y no

me refiero a tu versión del amor que, como ya hemos visto, está siempre sujeta y condicionada a un montón de conceptos y que es más un intercambio que otra cosa. Ese es el amor que tú fabricas en el que, si lo observas con honestidad, suele haber un montón de miedo, dolor, ansiedad, juicios, manipulación, control, necesidad, dependencia, apego, exigencia, división, rechazo, etcétera. Esa es una versión del amor basada en la separación. Y, ¡hey!, no quiero decir con esto que eso no sea Amor, pues en realidad todo, todo y todo lo que parece sucederte en tu experiencia tiene su origen en el Amor y, por tanto, no puede ser otra cosa. Simplemente trato de hacerte consciente de que son todos esos conceptos, que tú mismo has fabricado, los que le impiden al Amor manifestarse libremente a través de ti. Conforme vas haciéndote consciente de ellos y vas disolviéndolos a través de tu experiencia, vas integrándolos, perdonándolos y amándolos, empiezas a experimentar ese estado de consciencia infinito, eterno y unificado, llamado Amor.

Tu realidad esencial es, simplemente, Amor.

Tienes el superpoder innato de poder amarlo todo sin pasarlo por el filtro de tus juicios, tus proyecciones, tus percepciones y tus interpretaciones. Observa que lo que sueles hacer es amar lo que tu juicio te dice que puedes amar y no amar lo que tu juicio te dice que no puedes amar. Y eso, *my darling*, no es amar. Eso es separar mediante juicios y determinar, en base a esa separación, qué es susceptible de ser amado en ti y por ti y qué no. Por tanto, crees que amas o no según tus juicios, a través de los cuales, y como ya hemos visto en capítulos anteriores, te engañas continuamente.

Todo aquello que parece formar parte de tu propia peli, está ahí con el único propósito de ser amado y de mostrarte el Amor. Y ese todo lo incluye todo. Hasta aquello que, tras filtrarlo y juzgarlo como indeseable, está presente en tu experiencia, como la enfermedad, la muerte, el abandono, la pérdida y un largo etcétera de aspectos de esos que entendemos como no deseables. Total, si ya están aquí, ¿para qué oponerte?, ¿por qué no verlo como una oportunidad de amor?, ¿por qué no comprenderlo como una invitación al amor?

Todo lo que parece formar parte de tu propia peli está ahí con el único propósito de ser amado y de mostrarte el Amor.

Sé que esto confronta mucho tu sistema de pensamiento (y también el mío), pero puedo asegurarte, por experiencia propia, que es así. No obstante, no te creas nada de lo que te estoy diciendo y date permiso para abrirte a la posibilidad de experimentarlo por ti mismo.

Además, la vida es como el profe bueno que, cuando suspendías un examen en el cole, te daba la posibilidad de volver a hacerlo, con la única intención de que pudieras aprobarlo. Por tanto, lo que piensas que piensas que no eres capaz de amar ahora, muy posiblemente regresará a ti. No te preocupes, la vida volverá a traértelo, quizá en una forma aparentemente distinta según tu interpretación, con el único propósito de que te abras a amarlo para que puedas trascenderlo.

Si puedes permitirte verlo de esta manera, podrás darte cuenta de que la experiencia que estás teniendo es, en realidad, muy simple, pues tiene su origen en el Amor y te invita, continuamente, a un acto de amor. Podríamos decir que es algo así como que es el Amor que se busca a sí mismo. Pero te da tanto miedo reconocer tu capacidad de amarlo todo y a todos, que entonces juzgas, separas y seleccionas qué y a quién amar y qué y a quién no amar. Y, así, lo único que consigues es separarte del amor. Y no sé si eso tiene mucho sentido, porque has venido aquí siendo amor y con la única misión de aprender a amarlo todo.

Así que ya puedes dejar de preguntarte qué has venido a hacer aquí y cuál es el secreto de la felicidad y la paz. De nada.

Elegir el Amor

Como vimos en capítulos anteriores, la única elección real que parece que puedes hacer mientras andas por aquí es entre el miedo y el Amor. Entre la separación y la unidad. Entre la oposición y la paz. Distintas formas de decir una misma cosa, pues el miedo es a la separación y a la oposición lo mismo que el Amor es a la unidad y a la paz.

En realidad, si me vengo arriba, te diría que ni siquiera es una elección, pues lo único que se te pide es que ames. Que ames el miedo, la separación y la oposición. Que si tienes miedo, ames el miedo. Que si percibes separación, ames esa separación. Que si te estás oponiendo a algo, ames también esa oposición. Es la única forma de deshacerlos. A través del Amor.

En cualquier situación de tu experiencia, puedes preguntarte:

- ¿Puedo amar esto que estoy pensando, sintiendo, viviendo? Y si la respuesta es no, no pasa nada. Vuelve a preguntarte...
- ¿Puedo amar mi aparente incapacidad de amar esto en este momento?
- ¿Puedo amar mi oposición y mis resistencias a amar esto?
- ¿Puedo ser consciente de mis juicios, de mi identificación, de mi sufrimiento y de mis conceptos que parecen dificultarme la experiencia de amor y puedo darme permiso para amarlos?

Ahí, ya estás eligiendo el amor. ¿Puedes ver esto, por favor? Tan solo se trata de eso. De amar. De amarlo todo. Incondicionalmente. Incluidas las barreras que tú mismo fabricas y que parecen separarte del Amor.

Siempre puedes elegir el Amor. Siempre.

Permíteme utilizar un ejemplo para ver como puedo extender un poco más esto. Sí, es un ejemplo bastante tonto, pero quédate con el *insight,*[119] no con el ejemplo en sí.

Amando a Sonia y Selena

Vamos allá.

Imagínate que un día te invitan a una fiesta en la terraza

119. Qué complicado traducir esto... Diría que es algo así como la revelación.

del amigo de una amiga. No conoces al organizador, pero sabes por tu amiga que había sido DJ profesional en sus años mozos. Accedes a ir a la fiesta, pues si el organizador había sido DJ profesional, interpretas que va a haber un musicón de la hostia y que hasta, posiblemente, va a pinchar en directo. Piensas en el éxtasis que va a significar para ti estar en una terraza en pleno centro de la ciudad, a las cuatro de la madrugada, viendo las estrellas mientras tu cuerpecito se mueve al compás cuatro por cuatro del *puntz puntz puntz* a 128 bpm.[120]

Llegas a la fiesta con tu amiga a eso de las doce de la noche, y está sonando una canción cuyo estribillo es: «Yo quiero bailar toda la noche, baila baila bailando va, baila baila bailando va». Entiendes que es una canción de Sonia y Selena[121] más antigua que la primera aparición en televisión de Carmen Sevilla. Tienes un flashazo mental, pero piensas que eso será el *warm up*[122] y que en breve empezará la *traca patraca*. Pero conforme avanza la noche, te das cuenta de que no, de que lo que suena todo el tiempo es una lista random de música verbenera de Spotify, y que de tecno minimalmegachupiguay bien mezcladito, nada de nada.

En la fiesta hay un montón de personas pasándoselo tetilla y que te han acogido con los brazos abiertos, seguidores

120. Beats por minuto. Se suele usar en música electrónica. Para explicártelo así rapidito, la cifra dice cuántos beats por minuto tiene la canción. Define la velocidad del beat, por tanto, la velocidad de la canción. Cuantos más beats, más velocidad. Cuantos menos beats, menos velocidad. Obvio. Una canción *chillout* suele rondar los 75 bpm, mientras que el tecno oscila entre los 120 bpm y los 140 bpm y algo más *hardcore* (como el bakalao) puede llegar hasta los 175 bpm.

121. Dúo de pop comercial español que tuvo mucho éxito entre los años 2000 y 2002.

122. El calentamiento en una fiesta.

del lema «los amigos de mis amigos son mis amigos». Pero como lo que te estás encontrando en la fiesta no es lo que pensabas que te ibas a encontrar, es decir, no coincide con tu imagen mental de lo que debería ser esa fiesta, empiezas a aburrirte. Generas resistencias respecto a la fiesta y empiezas, sin darte ni cuenta, a fabricar pensamientos del tipo: «Vaya mierda de música y de fiesta», «Menuda gentuza, que les mola esta música», «¿Y este tío ha pinchado en el Sónar?»,[123] etcétera. A través de esos pensamientos que fabricas inconscientemente, te vas separando de la experiencia de la fiesta y de la gente que está divirtiéndose, pues no está siendo como tú pensabas que iba a ser. De hecho, no está siendo como tú piensas que debería ser. Obviamente, según tu verborrea mental, no es que tú no quieras pasártelo bien, es que menuda fiesta de mierder a la que te ha llevado tu amiga. ¿Te suena de algo ese mecanismo?

Si mientras estás en la fiesta aburriéndote como una ostra, cabreándote con tu amiga y con el DJ de pacotilla del anfitrión y generando un montón de resistencias, puedes no dejarte llevar por tu blablablá mental y ser consciente de tus juicios, observándolos, no identificándote con ellos y puedes, en ese mismo momento, perdonarte a ti mismo por boicotearte la velada, te pondrás en posición de abrirte a la experiencia presente de la fiesta más allá de tus interpretaciones y de tus expectativas acerca de cómo debiera estar siendo. Y ahí se produce un movimiento maravilloso. Y es que puedes empezar a no resistirte a lo que está siendo, abriéndote a disfrutar

123. Festival de música electrónica de Barcelona en el que me encanta echarme a perder una vez al año.

del momento, bailando a Sonia y Selena, a Bad Bunny[124] y hasta a Josmar[125] si hace falta. Y, además, puedes empezar a divertirte con toda la gente que hay en la fiesta y que se lo está pasando de puta madre. En otras palabras, puedes empezar a darte permiso para amar la experiencia tal como está siendo, para disfrutarla y pasártelo en grande. Y sí, hasta puedes empezar a amar a Sonia y Selena junto a las demás personas que están en la fiesta. Y si, aun así, quieres largarte de la fiesta... ¡Lárgate! Pero desde un lugar de aceptación y de amor.

Dicho de otra manera, cuando eres consciente de tus pensamientos, de tus juicios, de tus resistencias, de tu oposición a lo que está siendo tal como está siendo y no te identificas con todo ello, te abres a tener una experiencia de amor en vez de una experiencia de mierda. Ya no te quedas enganchado a tu punto de vista, que es tan solo un punto de vista que únicamente parece existir en tu mente humana, porque puedes ver que ese punto de vista no te está haciendo feliz ni te está permitiendo disfrutar de este momento. De hecho, no es que no te esté haciendo feliz, es que te separa de la felicidad que ya está en ti, que te viene de serie. ¿Puedes permitirte integrar esta idea, por favor? Porque si puedes permitírtelo, es aplicable a cualquier situación y a cualquier persona mientras andas liado en tu papelón estelar en el escenario del mundo. Como ves, y como te digo todo el tiempo, no cambia lo que parece estar sucediendo ahí fuera, pero sí cambia totalmente la forma en que lo experimentas.

124. Nombre artístico de Benito Antonio Martínez, puertorriqueño y reguetonero *cool*, famoso por temas como «Me porto bonito» o «Un x100to».

125. Cantante (por decir algo) catalán conocido por temas como «És superfort», con el que pretendía ir a Eurovisión, representando a España, en el año 1998. Obviamente, no fue. Aunque habría molado todo que hubiera ido.

Tus puntos de vista no te hacen feliz. De hecho, son esos puntos de vista los que te separan de la felicidad que ya eres. ¿Puedes amar también tus puntos de vista a través de tu conciencia sobre ellos?

TUS PUNTOS DE VISTA NO TE HACEN FELIZ

Algo muy parecido sucede con tus relaciones. Cuando juzgas a alguien y, tras ese juicio, ese alguien parece no encajar con los pensamientos que piensas que piensas y a través de los cuales defines a esa persona en tu mente humana, te separas de ella. Al juzgarla y separarte, la percibes diferente a ti y a como tú piensas que debería ser, y entonces piensas que no puedes amarla. Si en vez de identificarte con tu circuito mental automático lo observas y eres consciente de él, puedes perdonarte por ello, es decir, puedes pasarlo por alto, sabiendo que tu circuito mental tan solo sucede en tu mente humana. Y al pasarlo por alto, le abres la puerta a tu experiencia de amor, pues te vacías de tu pensamiento, integrándolo, y te abres a la experiencia de amar a la otra persona tal como está siendo, sin que tenga que encajar en esos pensamientos que tú mismo fabricas y a través de los cuales te dices cómo debería ser esa persona. De hecho, esa otra persona y tú no sois nada diferente, tan solo lo percibes así debido a los filtros que le metes desde tu mente humana.

Permíteme repetírtelo de nuevo, en modo *dembow*:[126] tu

126. Ritmo musical de origen dominicano, de mediados de los 1990, que tiene su origen en el rap, el merengue y el reggae y una base rítmica bastante repetitiva.

experiencia está diseñada para ser amada y para que, conforme la amas, vuelva a ti el recuerdo del Amor que eres. Y si tú eres la experiencia misma, como también te he dicho en alguna ocasión, todo lo que ves es a ti, todo lo que buscas es a ti mismo y, en cualquier caso, cuando amas… ¿Intuyes a quién estás amando todo el rato? Exacto, a ti mismo. Y funciona igual cuando crees que no amas. ¿A quién crees que no amas? Exacto, a ti mismo. Simple, ¿eh?

Tu experiencia está diseñada para ser amada y para que, conforme la amas, vuelva a ti el recuerdo del Amor que eres.

Así que sí, querido amigo, estás listo para amarlo todo. Por mucho vértigo que parezca darte al considerarlo.

UN REPASITO Y YA ESTARÍA

El propósito (si es que tuviera que haber algún propósito) de todo lo que has estado leyendo hasta ahora, de este viajecito que nos estamos pegando juntos a través de lo que te estoy contando, y que ya está llegando a su fin, no es, de ninguna manera, tratar de definir lo que eres. Lo que tú eres ya lo eres y no puede ser descrito ni necesita de descripciones. El propósito sería más hacerte consciente de todos los conceptos que has fabricado acerca de ti mismo y de la experiencia que estás teniendo, que son los que te alejan de tu recuerdo de lo que eres (que no es otra cosa que Amor) alejándote, a su vez, de la experiencia tal como es (que no es otra cosa que una experiencia de amor).

A modo introductorio, en «La vida es sueño» vimos el carácter ilusorio de esta experiencia a la que vulgarmente llamas mi vida, que es un sueño, una peli, ficción total en HD y con sonido *dolby surround*. Pero ficción, al fin y al cabo. Vimos, a través de la metáfora que utilicé del cine y la peli (sí, esa que he usado todo el rato como hilo conductor y que te he repetido hasta la saciedad), que tú eres todo y, por tanto, es a ti a quien ves todo el tiempo reflejado en tu experiencia y en todo lo que parece sucederte en ella. Y sí, ya sé que decirte que es ilusoria y pedirte que la ames puede parecerte un poco friki. Pero date cuenta de que la peli es lo que tienes más a mano para poder hacerte consciente de que tan solo es una peli y de que no la estás teniendo para tomártela tan en serio, sino para amarla y poder reírte de ella.

Por tanto, la experiencia (por ilusoria que sea) está ahí para que la ames completamente. Cuando empiezas a amar la experiencia, te das cuenta de que no es a la experiencia a quien amas, sino a ti, que eres quien la proyecta. Así se explica algo que te dije hace ya unos cuantos capítulos y es que, en realidad, tú eres la propia experiencia.

Y entonces empezamos la Parte I, «Viviendo con el piloto automático». En esta primera parte de la andadura, vimos algunos de los conceptos que tú mismo fabricas y que utilizas para tratar de darte explicaciones acerca de lo que tú eres y de lo que es tu experiencia. Conceptos que te crees, que das por válidos y a través de los cuales vives la peli de tu vida en modo piloto automático, como Jim Carrey[127] en la primera mitad de *El show de Truman*,[128] ¿recuerdas la peli?

En «Buscando en el baúl de los conceptos», empezamos a echarle un vistazo a lo que sucede en tu peli. Vimos cómo, mientras andas liado en ella, fabricas un montón de conceptos para tratar de explicarte quién eres, como actor principal y cómo, basándose en esos conceptos, tratas de determinar la

127. Actor cómico canadiense nacido en 1962, que ha hecho mazo de pelis como *Ace Ventura*, *La máscara (The Mask)* o *Dos tontos muy tontos (Dumb and Dumber)*. Tiene en su haber un par de Globos de Oro y su papel en *Mentiroso compulsivo (Liar Liar)* es para morirse de la risa.

128. Peliculón norteamericano de 1998, cuyo título original es *The Truman Show* y que te recomiendo que veas, si es que no lo has hecho todavía.

forma en que debería ser la peli. La identificación con todos esos conceptos es lo que provoca que te olvides de que tan solo es una peli. Vamos, que a través de todos esos conceptos dotas a la experiencia de realidad, por muy ficticia que sea. Y vimos cómo la vida está constantemente invitándote a que uses la experiencia para hacerte consciente de su totalidad y de su perfecta unidad.

Cuando empiezas a amar absolutamente todos los conceptos que tú mismo has fabricado, incluso aquellos que tratas de despreciar porque determinas que son indeseables para ti, te das cuenta de que, amando todos esos conceptos, sin excluir ninguno de ellos, lo único que haces es amarte a ti. En tu totalidad.

En «La historia de Laurel y Yanny» observamos cómo esos conceptos acaban proyectándose en la pantalla del mundo y tú acabas percibiéndolos en eso que entiendes como el ahí fuera e interpretándolos desde ahí. Vimos cómo, además, esas interpretaciones son principalmente erróneas, pues lo que percibes a través de tus sentidos es filtrado por tu cerebro humano que utiliza, como base para interpretar, todos los conceptos que tú mismo has fabricado y con los que te identificas. Parece un lío de cojones, pero no lo es.

Lo que percibes como el ahí fuera no es otra cosa que a ti mismo, y la forma en que lo interpretas tan solo habla, obviamente, de ti. Si puedes darte permiso a amar, también, todo lo que percibes ahí fuera, no estarás amando otra cosa que a ti mismo, tomando la forma aparente de las situaciones y los personajes que conforman esta peli. Pero que son tú, al fin y al cabo.

En «El elefante, la cacharrería y la tortilla de patatas», hablamos acerca de los juicios, algo que todos parecemos hacer todo el tiempo, consciente o inconscientemente, mientras andamos enfrascados en nuestra experiencia en esta peli en alta definición. Cuando empiezas a hacerte consciente de todos los juicios que emites, puedes observarlos sin identificarte con ellos y dejas de creértelos al cien por cien, se convierten en una herramienta maravillosa para reconocerte y abrirte a la posibilidad de que todo es perfecto tal como es, pues son tus propios juicios los que no te permiten ser consciente de ello.

Tus juicios están ahí para que puedas amarlos, pues amándolos es la única manera en que puedes pasarlos por alto. No puedes pasar por alto aquello a lo que te opones, pero sí puedes trascender aquello que amas.

En «Pequeños detalles sin importancia», recibiste una torta-besito haciéndote consciente de cómo el engaño, la manipulación y el control forman parte de tu experiencia cuando la vives en modo automático. Viste cómo los utilizas y para qué, y pudiste darte cuenta de cuánto miedo se esconde tras ellos. Viéndolos, cazándote a ti mismo cuando echas mano de ellos y abriéndote a la experiencia del miedo que los provoca, puedes darte cuenta de que, en realidad, no los necesitas.

La mentira, la manipulación y el control, que quizá te cueste reconocer en ti y que sueles reconocer ahí fuera, también están ahí para que aprendas a amarlos. Como te comentaba antes, si te juzgas por utilizarlos, te generarás mucho sufrimiento. Si en vez de eso, te permites amarlos, te darás cuenta de que tan solo son conceptos. Si te abres a amar el miedo que te empuja a utilizarlos, esa experiencia de miedo se convertirá en una experiencia de amor.

En «La ley del deseo y las muñecas Barbie», tratamos el

tema del deseo, vimos cómo parte de un espacio de carencia y como solemos estar más enamorados del deseo en sí que de lo deseado, pues cuando parece que conseguimos lo que deseamos, no nos sentimos ni más felices, ni más completos, ni más en paz. En realidad, no necesitas nada de lo que deseas, pues si lo necesitaras, lo tendrías sin ninguna necesidad de desearlo. Estar aquí deseando estar allí genera mucho sufrimiento inconsciente.

Las cosas que deseas están en tu experiencia para que puedas amarlas y, sobre todo, para que puedas amar también ese momento en que estás deseándolas. Cuando eres consciente de esto, puedes empezar a amarte a ti mismo y darte cuenta de que, en realidad, no necesitas nada de lo que, mentalmente, proyectas como una necesidad. Puedes elegir amarte tal como estás siendo ahora, sin necesidad de desear ser de otra manera ni de estar en cualquier otra situación. Y puedes amar también el deseo que estás percibiendo y, a través del cual, te dices que estarías «mejor» si lo consiguieras, sabiendo que no es así. Desde ahí, soltar la necesidad se convierte en algo mucho más simple y natural. ¡Lo complicado es estar todo el tiempo corriendo detrás de la zanahoria!

En «Una pulserita *all included*», le dimos unas cuantas vueltas a ese concepto tan hijo de putilla llamado culpabilidad, y vimos algunas de las formas en que ese concepto parece expresarse en nuestra propia experiencia en esta peli en la que andamos metidos. Es un concepto que expresamos, habitualmente de forma inconsciente, pero a través del cual nos generamos mucho sufrimiento. Y, además, en el momento en que podemos permitirnos ser conscientes de él, lo juzgamos y nos generamos más culpabilidad a través de esos juicios.

La culpabilidad también está aquí para que aprendas a amarla. Para que puedas ser consciente de ella, de cómo se expresa y de cuán presente está en muchos aspectos de tu experiencia. Y desde esa conciencia, desde ese darte cuenta, puedes amarla para trascenderla, para poder reírte de ella, sabiendo que, en realidad, la culpabilidad no es nada ni hace nada, pues nunca hay nada por lo que debas sentirte culpable. Tan solo eres responsable de estar percibiéndola. Y hacerte responsable de esa percepción e inyectándole grandes dosis de amor, es el principio activo que sirve para diluirla y para que empiece a disolverse, integrándose en tu experiencia.

En «El Agente Microscópico 007 y los rollos de papel de baño», te conté algunas cositas acerca del miedo, de cómo lo eliges inconscientemente convirtiendo tu experiencia, de esta forma, en una experiencia de miedo en vez de permitirte vivir una experiencia de amor. Como ya te dije, el miedo tampoco es nada ni hace nada, pues tan solo parece existir en tu mente humana. Vimos algunas de las formas en que ese miedo, al que das validez, se proyecta en la pantalla del mundo y, desde ahí, parece expresarse en tu día a día aparentemente provocado por algo que crees externo a ti. Y también te di algunas pistas acerca de cómo poder reconocerlo y trascenderlo apoyándome en la acción.

El miedo parece estar aquí con el único propósito de que aprendas a amarlo. De hecho, como ya te he comentado, el miedo deja de ser miedo cuando te muestras dispuesto a elegir, en su lugar, el amor. Y sobre todo, cuando puedes amarlo.

En «El Big Mac de tu experiencia», te llevé al McDonald's y te invité a un menú. Y es que las relaciones son a tu experiencia lo que el Big Mac es a McDonald's: su producto estrella. Vimos cómo la única cosa que ves a través de las relaciones es a ti mismo y a tus imágenes mentales acerca de la persona con quien parece que te relacionas. Pudiste hacerte consciente de la manera en que sueles interpretar tus relaciones, de cómo las conviertes en meras transacciones comerciales (lo que entendemos vulgarmente como el amor romántico) y de cómo puedes utilizarlas para reconocerte y para acercarte a tu perfecta unidad, pues es ahí adonde las relaciones apuntan. Proyectarlas desde el miedo y el especialismo, que es lo que haces habitualmente, te aleja de la experiencia de amor y del propósito esencial de la relación misma.

Cuando comprendes profundamente que las relaciones no están aquí para hacerte feliz, sino para hacerte consciente, te pones en posición de poder amarlas todas tal como son. Cuando te amas a ti mismo, pues eres consciente de que tú eres todo lo que ves todo el rato (incluida la relación), te das cuenta de que, amando a otra persona, lo único que haces es amarte a ti mismo. ¿Qué otra cosa, entonces, sino el amor tiene sentido en cualquier relación?

Con el estómago lleno (y quizá un pelín aturdidos, para qué negarlo), arrancamos la Parte II, «Desactivando el piloto automático», en la que vimos algunos conceptos que, cuando nos abrimos a experimentarlos, nos permiten ir saliendo poco a poco del piloto automático. Más allá de entenderlos mentalmente, de lo que se trata es de que nos demos la posibilidad a nosotros mismos de experimentarlos, de empezar a vivir esta experiencia desde ahí para que nuestra peli deje de ser una peli de miedo y se transforme en una experiencia de amor. Es decir, todos los conceptos que conforman la segunda parte de este cuaderno apuntan a un mismo lugar: el Amor.

En «Mr. Wonderful y la experiencia Teletubbie», te dije que, en esta experiencia, quizá se trata más de deshacer que de hacer. Vimos cómo los seres humanos estamos tan enfocados en hacer cosas que pensamos que nos harán felices, que nos olvidamos de que la felicidad es algo que nos viene de serie, pero con lo que nos cuesta horrores conectar debido a nuestras propias proyecciones y percepciones, a través de las que nos decimos cómo deberían ser las cosas, y a nuestra identificación con ellas.

Ir deshaciendo todos los conceptos que has fabricado para darte una explicación a lo que eres ya es, *per se*, un acto de amor. Cuando se van difuminando, conforme se van deshaciendo, das espacio a que el Amor que ya eres se pueda expresar a través de ti. Y como te comenté, eso es la hostia.

«Un expediente X con gafas de color de rosa» lo usé para invitarte a inspeccionar otra manera de ver, mucho más libre de conceptos y condicionamientos prefabricados. Vimos que, en realidad, tu manera de ver limita tu libertad, pues verlo todo a través de todas las capas de conceptos que, inconscientemente, has fabricado, te encorseta tanto que no te permite elegir libremente mientras andas liado en tu propia peli. Recuerda que utilicé la metáfora de las lupas con los cristales rosas para tratar de contarte todo esto.

Abrirte a la posibilidad de verlo todo de otra manera es un gran acto de amor hacia ti mismo y, por tanto, hacia todo eso que percibes ahí fuera, que como ya sabes no es otra cosa que a ti mismo.

En «¿Lo vas pillando?» te hablé de la paz que obtenemos cuando podemos aceptarlo todo tal como es, sin necesidad de cambiarlo. Eso incluye situaciones, personas, pensamientos, emociones, etcétera. Te expliqué que formas parte del plan perfecto de la vida, pues tú eres la vida misma (el *pescao* ya está vendido, ¿recuerdas?) y te invité también a que vieras cuánto sufrimiento te chutas en vena cuando entras en oposición con algo o con alguien. Vimos cómo, lejos de lo que sueles creer, la rendición es el arma más poderosa para aproximarte a la paz interior.

La aceptación y la rendición son amor en sí mismas, pues suponen la no oposición a nada ni a nadie y, querido, eso es puro amor. Y no te hablo de resignación, te hablo de verdadera aceptación, que surge de la certeza de que las cosas siempre son como han de ser. Y eso es aceptar la perfección absoluta de la vida. No obstante, cuando percibas oposición, está OK. Permítela. Y permítete, también, amar esa oposición. Es la única forma de trascenderla.

En «Dinamita pa' los pollos» te propuse ver la que sueles tener liada con los propósitos. Piensas que, fabricando un montón de ellos todo el tiempo y consiguiéndolos, serás feliz. Y vimos que podría funcionar exactamente al revés: cuantos más te pones, más te alejas de la felicidad que ya eres. Ni aunque los consigas. Te hablé también acerca de la confusión que tienes en cuanto al *copyright* sobre la experiencia y de que no eres responsable de lo que parece sucederte en ella, sino de la forma en que eliges experimentar todo eso que te sucede. Y también te invité a no tomártelo todo tan en serio. Y a que te rías más de todo.

¿Adivinas para qué parecen estar aquí los propósitos que tú mismo te impones? Yes, *my friend*. Para que los ames y, desde el amor, te permitas ir soltándolos, poco a poco, abriéndote así al propósito unificado de la vida y a fluir con ella y a través de ella. Y es que el propósito único de la vida podría ser precisamente esto, que aprendas a amarla tal como es.

En «Qué horas son, mi corazón» le echamos un vistazo al truco del tiempo, un concepto inventado que tan solo parece tener significado mientras andas metido en tu propia peli. Vimos cómo lo único que realmente existe es este momento, que es eterno, pues siempre te encuentras en el ahora. Tan solo es tu mente humana la que te empuja todo el rato a pensar en términos de pasado y futuro. Pero también te conté que, cuando piensas en términos de pasado y futuro, siempre es ahora. Por tanto, pasado y futuro tan solo parecen existir en tu mente. Y también te expliqué un poco acerca de la espontaneidad de la vida, que emerge siempre en el mismo momento. En este momento.

¿Puedes amar este momento, tal como está siendo, sin necesidad de filtrarlo con informaciones de eso que entiendes como el pasado y sin proyecciones mentales acerca de eso que entiendes como el futuro? Y si no puedes hacerlo, ¿puedes amar también tu aparente incapacidad para mantenerte presente?

En «Apaga y vámonos» traté de darte un nuevo enfoque acerca del perdón. Te expliqué que el perdón del que te hablo siempre es hacia ti mismo, pues en realidad no hay nadie más ahí fuera. Perdonar a alguien sin tener esto claro, siempre está enlazado con los juicios y culpabilidad. Además, para que no te quejes, te di un método en tres pasos para que puedas practicar esa nueva forma de perdón que te propuse.

El perdón, tal como lo vimos, siempre apunta al Amor. Nace de la conciencia de que nunca nadie te hace nada y de que todo aquello que te genera sufrimiento eres tú mismo y tus interpretaciones. Perdonarte por ello y por creer que tu peli (y lo que parece sucederte en ella) es tu única realidad, te acerca a la experiencia total del Amor que ya eres. Ahí es nada.

Y cerramos con «Déjate de tonterías», que es una oda al Amor como un piano de cola. Así, sin más aditivos. Creo que ya no los necesitas.

ALGO ASÍ COMO UN *OUTRO*[129]

Querido amigo, estamos acercándonos al final de este viaje que hemos recorrido juntos. Espero que lo hayas disfrutado, aunque sea un poquito. Soy consciente de que, en algún momento (especialmente durante la primera parte), puedes haberte confrontado y, quizá, hasta te hayas sentido un poco incómodo. Y eso es perfecto también si así ha sido. Ser consciente de todo el *tinglao* que te tienes montado mientras vives en modo piloto automático puede hacer que te explote la cabeza muy fuerte. Pero solamente a través de esa conciencia el piloto automático puede ir desactivándose poquito a poquito. Y suave, suavecito.[130]

Permíteme decirte que nada de todo lo que has leído en estas páginas tiene sentido si no te abres a la posibilidad de integrarlo en tu experiencia. La teoría está muy bien, claro, pero sin una experiencia en la que apoyarse, se queda en un simple blablablá que, además, se te va a olvidar en nada. Así

129. Pasaje instrumental con el que se cierra, a veces, un álbum musical.

130. Guiño a la letra del «Despacito», de Luis Fonsi y Daddy Yankee, que fue un bombazo mundial allá por 2017.

que te invito a que, a tu ritmo, y en la medida en que puedas permitírtelo, vayas trasladando a tu día a día los conceptos que te hayan resonado más, que ahora serán unos y que, si vuelves a emprender este viaje conmigo en cualquier otro momento, serán otros.

Recuerda que no se trata de llegar a ningún sitio diferente al lugar en el que ya te encuentras ahora mismo. Más bien se trata de aceptar profundamente, también ahora mismo, cualquier aspecto de tu experiencia tal como ya está siendo. El movimiento siempre es dentro, nunca fuera. De hecho, ni siquiera existe eso que entiendes como el ahí fuera, ¿recuerdas?

Y si puedes permitirte darle, ni que sea, un poquito de amor a todo lo que parece estar sucediéndote, ya será la hostia. Tu experiencia de vida en este plano dimensional, por muy ilusoria que sea, es sublime por el simple hecho de que pareces estar en ella. Así que cuanta menos resistencia le pongas a todo (por tanto, más rendición le inyectes), menos sufrimiento vas a generarte mientras la transitas y más ligero se te va a hacer todo.

No te agobies si los patrones de tu piloto automático siguen apareciendo, es algo natural e intrínseco a la experiencia, que los está incluyendo haciéndolos presentes. Date permiso a utilizarlos y no trates de excluirlos tú. No te servirá de mucho.

Tú y yo, que en realidad somos una misma cosa, estamos en el mismo camino que, además, tan solo es eso: un camino. Un camino que, como ya nos adelantó Antonio Machado[131] hace

131. Escritor español perteneciente a la Generación del 98. En uno de sus poemas, afirmó: «Caminante, no hay camino, se hace camino al andar». Y sin ser él un maestro espiritual ni nada de eso.

algunos años, se va haciendo al andar. Y siguiendo con mis puntos de vista radicales, me atrevería a decirte que tú, yo y la andadura somos, en realidad, el camino mismo. Diviértete y disfrútalo tanto como puedas mientras estés en él, sabiendo que eres él. ¿Qué te parece? Vale, OK, estoy como una puta regadera. ¿Y?

Quiero acabar resumiéndote todos los conceptos que hemos estado viendo juntos, a través de estas páginas, en tres frases muy simples:

El Amor es todo. Y tú eres todo. Por tanto, tú eres Amor. Intenta recordarlo.

(Pues parece que al final se ha quedado buena tarde, ¿no?).